Hugo's Simplified System

Italian
in Three Months

Milena Reynolds

Hugo's Language Books

A DK PUBLISHING BOOK

First American Edition, 1998
10 9 8 7 6 5 4 3 2 1

Published in the United States by
DK Publishing, Inc.
95 Madison Avenue
New York, New York 10016
Visit us on the World Wide Web at http://www.dk.com

Copyright © 1998
Dorling Kindersley Limited, London

Library of Congress Cataloging-in-Publication Data
Italian in three months. -- 1st American ed.
        p.   cm. -- (Hugo)
        Includes index.
        ISBN 0-7894-3231-5 (alk. paper). -- ISBN 0-7894-3232-3
        (alk. paper with cassette)
        1. Italian language -- Textbooks for foreign speakers --
        English. I. DK Publishing, Inc. II. Series: Hugo (Series)
        PC1129.E518255 1998
        458.2'421--dc21   97-47223
                                                CIP

Set in 10/12pt Palatino by
Andrew Burrell
Reproduced, printed, and bound in Italy by
L.E.G.O., Vicenza

Preface

This new edition of *Italian in Three Months* has been written for us by Milena Reynolds, whose experience in teaching her native tongue ranges from beginners to postgraduate level. She has drawn on this expertise to produce a simple yet complete course for students who want to acquire a good working knowledge of the language in a short time, and who will probably be working at home alone.

The book begins with a detailed study of pronunciation (our "imitated" system will help you through the early stages). In each of the next ten chapters, there's a main theme divided into three or four related topics with dialogues, through which the grammar is presented concisely and clearly, with plenty of examples and exercises. This course employs the Hugo principle of teaching only what is really essential for a firm grasp of practical, up-to-date Italian. Using the book together with our audiocassettes is an ideal combination and provides a further dimension to your studies. Ask your bookstore for details.

Ideally, you should spend about an hour a day on the course (perhaps a little less if you do not get the cassettes), although there is no hard and fast rule on this. Do as much as you feel capable of doing. It is much better to learn a little at a time, and to learn that thoroughly. At the beginning of each day's session, spend ten minutes recalling what you learned the day before. When you read a conversation, say it out loud if possible (listen to the tape and see how closely you can imitate the native speakers). Study each rule or numbered section carefully and reread it to make sure that you have fully understood the grammar and examples given. Try to understand rather than memorize. If you have understood, the exercise will insure that you remember the rules through applying them.

When the course is completed, you should have a very good knowledge of Italian – more than sufficient for general vacation or business use, and enough to take a test if required. We hope you will enjoy *Italian in Three Months*, and we wish you success with your studies.

Picture Credits

Contents

Pronunciation

Before you start the first chapter, read the following rules on pronunciation. If you use the tapes, read the words and sentences while you listen. Italian pronunciation is easy, and once you have mastered those sounds that are different from English, you will find that you can pronounce the printed words quite easily. When reading, follow the basic rules of our imitated pronunciation given below.

The imitated pronunciation

For a while we give the imitated pronunciation for each new word as it occurs in the text or in the vocabulary list at the end of the chapter. In this imitated pronunciation the Italian sounds are represented by English syllables. Read each syllable as if it were part of an English word. After the third chapter we will continue to put an acute accent on those words that are not stressed on the penultimate syllable.
If in doubt about pronunciation, go back to this introduction or listen carefully to the tapes.

When reading the imitated pronunciation, remember that:

ah   sounds like *a* in *fast* but is shorter than in English.

oh   sounds like the *o* in *order* and even the *au* in *caught*.

eh   sounds like the *e* in *poem* or even the *ay* in *say* but much shorter.

n'y   sounds like *ni* in *onion*.

l'y   sounds like *lli* in *million*.

hr   sounds like a guttural *r*.

All new words appear in the vocabulary list at the end of each chapter. If you feel unsure about the pronunciation, check the imitated pronunciation in the lists for the first three chapters.

Stress

- In Italian all words end in a vowel and are generally stressed on the <u>next to last</u> syllable: **albergo** [ahl-<u>bair</u>-goh] *hotel*, **finito** [fee-<u>nee</u>-toh] *finished*, **idea** [ee-<u>deh</u>-ah] *idea*.

- If the stress falls on the last vowel, that vowel will have a grave accent: **caffè** [kahf-fèh] *coffee*, **perchè** [paihr-kày] *why*.

  Sì (*yes*) bears the accent because it might otherwise be confused with **si** (*oneself*), and **è** (*is*) is accented to distinguish it from **e** (*and*).

- If the stress falls on the last syllable but two (and rarely on the last but three), then we will put an acute accent on the stressed vowel throughout the book (although this accent is not normally shown in modern Italian): **tímido** [tée-mee-doh] *shy*, **bellíssimo** [behl-lées-see-moh] *very beautiful*.

  The combinations -**ia**, -**io**, -**ie**, at the end of a word are normally considered to be a single syllable, so the stress falls on the preceding syllable: **Venezia** [veh-<u>neh</u>-tsiah] *Venice*, **doppio** [<u>dohp</u>-pioh] *double*. Exceptions are marked with the acute accent: **scrivanía** [skree-vah-<u>nee</u>-ah] *desk*.

Pronunciation of vowels

The Italian vowels are **a**, **e**, **i**, **o**, and **u**. Each vowel has only one sound, but **o** and **e** can be open or closed, according to their position, as you will see below.

a	is pronounced like *a* in *car* but it is shorter in Italian:	**sala** [sah-lah] *hall* **la** [lah] *the*
e	is pronounced like *ai* in *said* or like *e* in *poem*:	**letto** [leht-toh] *bed* **mela** [meh-lah] *apple*
i	is pronounced like *ee* in *meet*:	**vino** [vee-noh] *wine*
o	is pronounced like *o* in *not* or like *o* in *almost*:	**posta** [pos-tah] *post* **sono** [soh-noh] *I am*
u	is pronounced like *oo* in *moon*:	**cura** [koo-rah] *cure*

Pronunciation of consonants

Most consonants are pronounced like their English counter-parts. The exceptions are:

c	is pronounced like *ch* in *much* before **e** and **i**:	**ci** [chee] *there*
	but it is pronounced like *k* in *king* before **o**, **a**, and **u**:	**casa** [kah-zah] *house*
ch	is always pronounced like *k* in *king*:	**che** [keh] *that*
g	is pronounced like *j* in *jeep* before **e** and **i**:	**giro** [jee-hroh] *trip*
	but it is pronounced like *g* in *go* before **a**, **o**, and **u**:	**gara** [gah-rah] *race* **guida** [gwee-dah] *guide*
gh	is always pronounced like *g* in *gate*:	**laghi** [lah-gee] *lakes*

gli	is pronounced like *ll* in *million*:	**luglio** [loo-l'yoh] *July* **gli** [l'yee] *the*
gn	is almost like *ni* in *companion*:	**ogni** [oh-n'yee] *every* **gnocchi** [n'yohk-kee] *dumplings*
h	is not pronounced at all:	**ha** [ah] *he has*
qu	is pronounced like *qu* in *queen*:	**qui** [qwee] *here* **questo** [qwehs-toh] *this*
r	is rolled, something like a guttural *r*:	**caro** [kah-hroh] *dear*
s	is sharp as in *see* before consonants, when double, or at the beginning of words:	**strada** [strah-dah] *road* **sesso** [sehs-soh] *sex* **sala** [sah-lah] *hall*
	but it is like *z* in *lazy* between two vowels:	**casa** [kah-zah] *home*
sc	is pronounced like *sh* in *she* before **i** and **e**:	**sci** [shee] *ski* **scena** [sheh-nah] *scene*
	but it is pronounced *sk* as in *skip* when followed by a consonant or by **o, a, u**:	**scusa** [skoo-zah] *sorry* **scrivo** [skree-voh] *I write*
z	is pronounced like *ts* in *gutsy*:	**pranzo** [prahn-tsoh] *lunch*
	or softer like *dz* at the beginning of words:	**zero** [dzeh-hroh] *zero*

Double consonants are emphasized and pronounced as if there were a short pause in front of them: **ditta** [deet-tah] *firm,* but **dita** [dee-tah] *fingers;* **sonno** [son-noh] *sleep,* but **sono** [soh-noh] *I am.*

On the whole, when speaking Italian, you should linger on the vowels and not pronounce the consonants too forcefully (except in the case of double consonants). Remember at the end of a sentence to make your voice rise when it is a question and fall when it is a statement.

Chapter 1

In this chapter you will learn how to book a room in a hotel, introduce yourself, state where you come from, say hello and good-bye, and use the formal form of address.

The grammar includes:
- *present tense of "to be" (**éssere**) and "to have" (**avere**)*
- *present tense of regular -**are** verbs (**parlare**)*
- *gender of nouns and adjectives*
- *articles "the" (**il, lo, la, l'**) and "a" (**un, uno, una, un'**)*
- *negative sentences*

GREETING, BOOKING A ROOM, NATIONALITY

Carefully read the following conversation (or listen to the recording if you have the cassettes) and check that you understand it all by looking at the translation. Then study each numbered section in turn, learning the grammatical details. Go back to the dialogue and note how this embodies the constructions just explained. After that, do the first exercise, then continue to study the grammar – and so on.

CONVERSATION A

All'albergo
At the hotel

Dialogue between the hotel receptionist (*Rec.*) and Mrs. Branson (*Mrs. B*), who is booking a room.

Mrs. B   **Buongiorno.**
Good morning.

Rec.   **Buongiorno, signora.**
Good morning, madam.

Mrs. B   **Ha una cámera líbera?**
Do you have a room (free)?

Rec.   **Sì, certo, doppia o síngola?**
Yes, certainly, double or single?

Mrs. B   **Síngola.**
Single.

Rec.   **Per quanti giorni?**
For how long (lit. how many days)?

Mrs. B   **Solo per oggi.**
Only for today.

Rec.   **E il Suo nome, per favore?**
And your name please?

Mrs. B   **Sono Mary Branson.**
I'm Mary Branson.

Rec.   **È inglese?**
Are you English?

Mrs. B   **No, sono americana.**
No, I'm American.

Rec.   **Ha un documento, per favore?**
Do you have any identification (lit. document), please?

Mrs. B   **Sì, ecco il passaporto.**
Yes, here is my (lit. the) passport.

Rec.   **Beníssimo grazie, ecco la chiave.**
Fine, thank you, here is the key.

1 Gender

All nouns (words that name things) in Italian are either
masculine or feminine, as you have seen in the dialogue:
una cámera is feminine (*f*), but **il passaporto** is masculine
(*m*). As a general rule, all nouns ending in **-a** are feminine,
all nouns ending in **-o** are masculine. There are exceptions,
but we will mention these later on in the book.

Nouns ending in **-e** may be either masculine or feminine.
It is therefore important to remember which article is used
in front of a word:

il passaporto
la cámera
la chiave
il signore

If there is an adjective (descriptive word), this too will change
according to the gender of the word to which it refers:

la signora americana
but:
il passaporto americano

IMITATED PRONUNCIATION (1): eel pahs-sah-pohr-toh;
lah káh-meh-hrah; lah kiah-veh; eel see-n'yoh-hreh;
lah see-n'yoh-hrah ah-meh-hree-kah-nah; eel pahs-sah-pohr-toh
ah-meh-hree-kah-noh.

2 Articles

"A" and "an" are translated in Italian by **un** before a
masculine word and **una** before a feminine one.

Una takes an apostrophe, **un'**, before a feminine word
beginning with a vowel and **un** becomes **uno** before words
beginning with **z** or with **s** followed by another consonant:

una cámera
un' americana
un albergo
uno studente

"The" is translated by **il** before masculine words beginning with consonants, and **lo** before masculine words beginning with **z** or with **s** followed by another consonant. **La** is used before feminine words.

L' is used before both masculine and feminine words beginning with a vowel:

il nome
lo zero
l' albergo

la chiave
l' occupazione

IMITATED PRONUNCIATION (2): oon; oo-nah; oon; oo-noh;
oo-nah káh-meh-hrah; oon ah-meh-hree-kah-nah;
oon ahl-behr-goh; oo-noh stoo-dehn-teh; eel; loh; lah;
eel noh-meh; loh dzeh-hroh; lahl-behr-goh; lah kiah-veh;
lok-koo-pah-tzioh-neh.

3 Questions

When you want to ask a question in Italian you simply make your voice rise at the end of the sentence. The word order does not change.

Il Suo nome è inglese?	*Is your name English?*
Il Suo nome è inglese.	*Your name is English.*

Exercise 1

Answer the questions on conversation A using: **Sì, è** ... (Yes, he/she/it is ...) or: **No, è** ... (No, he/she/it is ...)

Example:
Question: La segretaria è americana?
          (Is the hotel receptionist American?)
Answer: No, è italiana.
          (No, she is Italian.)

1 Mary Branson è americana? Sì, è ...
2 L'albergo è inglese? No, è ...
3 La cámera è líbera?
4 Il passaporto è americano?
5 Il nome è inglese?
6 La segretaria è italiana?
7 La signora è inglese?
8 L'albergo è italiano?
9 La cámera è síngola?
10 La cámera è doppia?

IMITATED PRONUNCIATION (3/Ex. 1 new words only):
eel soo-oh noh-meh eh in-gleh-zeh. see; noh; seh-greh-tah-hriah;
ee-tah-liah-nah; lée-beh-hrah; sín-goh-lah; dohp-piah.

4 Negative sentences

In Italian you make a sentence negative by putting **non** in front of the verb:

La signora *non* è americana. *The woman is not American.*
Mary *non* parla italiano. *Mary does not speak Italian.*

Exercise 2

Make these sentences negative:
1 Sono di Verona.
2 Sandro Bianchi ha una bella casa.
3 L'albergo è pieno.
4 La signorina lavora in un albergo.
5 Parlate bene l'italiano?

Exercise 3

Put the correct form of **il, lo, l', la** *before the following words:*
1 Questo è ... Zoo.
2 Parliamo bene ... italiano.
3 ... marito di Mary è americana.
4 Rita è ... moglie di Sandro.
5 Ascolto ... ópera alla Scala.
6 ... signora è italiana.
7 ... albergo è molto cómodo.
8 Questa è ... cámera síngola.
9 Ecco ... chiave.
10 Ecco ... passaporto.

IMITATED PRONUNCIATION (4/Ex. 2 & 3 new words only):
nohn; pahr-lah. soh-noh; be-ahn-kee; behl-lah; kah-zah; pieh-noh;
see-n'yoh-hree-nah; lah-voh-hrah; pahr-lah-teh; beh-neh;
ee-tah-liah-noh. qwehs-toh; dzoh-oh; pahr-liah-moh;
mah-hree-toh; moh-l'yeh; ahs-kohl-toh; óh-peh-hrah;
kóh-moh-doh; qwes-tah; ehk-koh.

INTRODUCTIONS

Adopt the same study routine as before: read the dialogue,
listen to it if possible, understand what it means (look at the
translation to check that you've got it right), then learn the
grammatical details and apply this to the conversation.

CONVERSATION B

Al bar dell'albergo
At the hotel bar

**Conversation between Mary Branson, her husband Peter,
and Paolo and Anna Rossi, an Italian couple also staying
at the hotel.**

Mary **Buongiorno.**
Good morning.

Paolo **Buongiorno, signora.**
Good morning, madam.

Mary **Mi chiamo Mary Branson.**
My name is Mary Branson.

Paolo **Piacere! Io sono Paolo Rossi.**
How do you do. I'm Paolo Rossi.

Mary **Piacere! Molto lieta!**
How do you do! Pleased to meet you.

Paolo **Questa è mia moglie.**
This is my wife.

Anna **Piacere!**
How do you do.

Mary **E questo è mio marito.**
And this is my husband.

Paolo **Molto lieto! Parla italiano anche Lei?**
Pleased to meet you. Do you speak Italian too?

Peter	**No.**	
	No.	
Mary	**Purtroppo no. Siamo americani.**	
	Unfortunately not. We are American.	
Paolo	**Di dove siete?**	
	Where are you from?	
Mary	**Siamo di Washington. E voi?**	
	Washington. And you?	
Paolo	**Siamo di Milano.**	
	We are from Milan.	
Mary	**Ah! Milano è molto bella.**	
	Ah, Milan is very beautiful.	
Anna	**Sì, ma anche Washington. è una città bella e famosa.**	
	Yes, but Washington is a beautiful and famous city, too.	

5 Present tense of "éssere" (to be)

1st sing.	**(io)**	**sono**	I am
2nd	**(tu)**	**sei**	you (*familiar*) are
3rd	**(lui, lei, Lei)**	**è**	he, she, it is; you (*formal*) are
1st pl.	**(noi)**	**siamo**	we are
2nd	**(voi)**	**siete**	you (*plural*) are
3rd	**(loro)**	**sono**	they are

It is not necessary to use the subject pronouns **io**, **tu**, **Lei**, **lui**, **noi**, **voi**, or **loro**, except for emphasis.

IMITATED PRONUNCIATION (5): (ee-oh) soh-noh; (too) seh-ee; (loo'ee/leh'ee) eh; (no-ee) see-ah-moh; (vo-ee) see-eh-teh; (loh-roh) soh-noh.

6 Forms of address

In Italian there are two forms of address. When talking to children, friends, and family, the familiar form is used: tu. When addressing everybody else, it is polite to use the Lei form, which is, in fact, the third person singular of the verb. When addressing more than one person, voi is used for both the formal and familiar forms:

Are you American?   *Sei* **americano?** (familiar singular)
                      È **americano?** (formal)
                      Siete **americani?** (formal and familiar plural)

Note that capital letters are used for **Lei, Suo, Sua,** etc., when they mean "you" and "yours" (formal), to distinguish them from **lei, suo, sua,** etc., which mean "she" and "hers."

7 Present tense of "avere" (to have)

ho	I have
hai	you have
ha	you (*formal*) have, he, she, it has
abbiamo	we have
avete	you (*plural*) have
hanno	they have

8 Present tense of "–are" verbs

parlare (to speak)

parlo	I speak
parli	you speak
parla	you (*formal*) speak, he, she, it speaks
parliamo	we speak
parlate	you speak
párlano	they speak

All the regular verbs ending in -**are** are conjugated like
parlare (e.g. **abitare**, **lavorare**, **ascoltare**).

Note that the stress moves to the ending in the 1st and 2nd
persons plural [pahr-<u>liah</u>-moh, pahr-<u>lah</u>-teh] but reverts to
the stem in the 3rd person plural [<u>pahr</u>-lah-noh].

IMITATED PRONUNCIATION (7/8): oh; ah'ee; ah;
ahb-be-ah-moh; ah-veh-teh; ahn-noh. pahr-lah-hreh; pahr-loh;
pahr-lee; pahr-lah; pahr-liah-moh; pahr-lah-teh; páhr-lah-noh;
ah-bee-tah-hreh; lah-voh-hrah-hreh; ahs-kohl-tah-hreh.

PERSONAL IDENTIFICATION, FAMILY, HOME, AND JOB

By now you should know the procedure to follow when
dealing with these dialogues. If you have forgotten, check on
page 11.

CONVERSATION C

In casa Brazzi
At the Brazzis'

**Mary and John White have been invited to Sandro and
Rita Brazzi's apartment in Venice after meeting them at a
symposium for wine exporters. They talk about what they
do and where they live.**

Rita	**Buonasera, signor White.**
Good evening, Mr White.
*Mary
& John*	**Buonasera.**
Good evening.

Rita   **Questo è mio marito Sandro.**
This is my husband Sandro.

Sandro   **Piacere.**
How do you do.

John   **Questa è mia moglie, Mary.**
This is my wife Mary.

Sandro   **Molto lieto, signora.**
Very pleased to meet you.

Rita   **Siete americani vero?**
You are American, aren't you?

Mary   **Sì, siamo di New York. E voi?**
Yes, we are from New York. And you?

Rita   **Siamo di Milano, ma abitiamo qui a Venezia da molti anni.**
We are from Milan, but we have lived in Venice for many years.

Sandro   **E a New York dove abitate?**
And where do you live in New York?

John   **A Brooklyn.**
In Brooklyn.

Rita   **Avete un appartamento o una casa?**
Do you have an apartment or a house?

Mary   **Abbiamo una píccola casa con giardino.**
We have a small house with a garden.

John   **Sandro lavora a Venezia?**
Does Sandro work in Venice?

Rita   **Sì, ha un ristorante vicino a Piazza San Marco.**
Yes, he has a restaurant near Piazza San Marco.

Mary   **Io sono insegnante. E Lei?**
I am a teacher. And you?

Rita   **Io sono una commessa. E Suo marito?**
I am a salesperson. And your husband?

Mary   **Lavora in un albergo nel centro di New York City.**
He works in a hotel in the center of New York City.

Exercise 4

Read Conversation C, then answer the following questions:

1 Il signor White è americano?
2 Come si chiama sua moglie?
3 Dove ábita Sandro?
4 Di dove sono Sandro e sua moglie?
5 Chi lavora a Venezia?
6 Il signor White lavora?
7 La moglie di Sandro è una commessa?
8 Il signor White lavora a Brooklyn?
9 Chi è insegnante?
10 Mary e John ábitano in una casa con giardino?

Exercise 5

Translate:

1 I live in Milan.
2 Do you (formal) work in Venice?
3 Where do you (formal) live?
4 I am a salesperson.
5 Rita Rossi speaks Italian.
6 We live in Pavía and work in Milan.
7 San Francisco is beautiful.
8 Do you (plural) have an (use "the") American passport?
9 Where do you (plural) come from?
10 I am American.

KEY PHRASES & VOCABULARY

Try and memorize these phrases to help you recall the
main grammar points and the subject matter of
this chapter:

Ha una cámera líbera?
Sono di Philadelphia.
Ábito a Society Hill.
Lavoro in centro.
Parlo un po' l'italiano.

You should be familiar with the words listed below, since
they've appeared in this chapter. Nevertheless, check how
well you've learned them by covering up one column or the
other and translating.

Vocabulary

a [ah]	at, to
abitare [ah-bee-tah-hreh]	to live
albergo (*m.*) [ahl-behr-goh]	hotel
americano [ah-meh-hree-kah-noh]	American
anche [ahn-keh]	also, too
anno (*m.*) [ahn-noh]	year
appartamento (*m.*) [ahp-pahr-tah-mehn-toh]	apartment
ascoltare [ahs-kohl-tah-reh]	to listen
avere [ah-veh-hreh]	to have
bello [behl-loh]	beautiful
beníssimo [beh-nées-see-moh]	very well
buonasera [bwoh-nah-seh-hrah]	good evening
buongiorno [bwohn-johr-noh]	good morning
cámera (*f.*) [káh-meh-hrah]	room
cameriere (*m.*) [kah-meh-hrieh-hreh]	waiter
casa (*f.*) [kah-zah]	home, house
centro (*m.*) [chen-troh]	center
certo [chehr-toh]	sure, certainly
chi [kee]	who

chiave (*f.*) [kiah-veh]	key
cognome (*m.*) [koh-n'yoh-meh]	last name
come [koh-meh]	how
commessa (*f.*) [kohm-mehs-sah]	salesperson
cómodo [kóh-moh-doh]	comfortable
da molti anni [dah mohl-tee ahn-nee]	for many years
di [dee]	of
di dove [dee doh-veh]	where from
documento (*m.*) [doh-koo-mehn-toh]	document
doppio [dohp-pioh]	double
dove [doh-veh]	where
e [eh]	and
ecco [ehk-koh]	here is, here it is
éssere [ehs-seh-hreh]	to be
famoso [fah-moh-zoh]	famous
giorno (*m.*) [johr-noh]	day
grazie [grah-tzieh]	thank you
il (*m.*) [eel]	the
inglese (*m. & f.*) [in-gleh-zeh]	English
in pensione [in pehn-sioh-neh]	retired
insegnante (*m. & f.*) [in-seh-n'yan-teh]	teacher
italiano [ee-tah-liah-noh]	Italian
la (*f.*) [lah]	the
lavorare [lah-voh-hrah-hreh]	to work
Lei [lay]	you (sing. formal)
lei (*f*)	she
líbero [lée-beh-hroh]	free
lo [loh]	the
Londra (*f.*) [lohn-drah]	London
marito [mah-hree-toh]	husband
mi chiamo [mee kiah-moh]	my name is
Milano (*f.*) [mee-lah-noh]	Milan
mio [mee-oh]	my, mine
moglie (*f.*) [moh-l'yeh]	wife
molto [mohl-toh]	very, much
molto lieto [mohl-toh lieh-toh]	pleased (to meet you)
no [noh]	no
nome (*m.*) [noh-meh]	name
non [nohn]	not

occupazione (*f.*) [ok-koo-pah-tzioh-neh] job, occupation
oggi [od-jee] today
ópera (*f.*) [óh-peh-hrah] opera
parlare [pahr-lah-hreh] to speak
passaporto (*m.*) [pahs-sah-pohr-toh] passport
Pavía Pavia
per [pehr] for
per favore [pehr fah-voh-hreh], please
  per piacere [pehr piah-cheh-hreh]
piacere [piah-cheh-hreh] how do you do
píccolo [pík-koh-loh] small
pieno [pieh-noh] full
purtroppo [poohr-trop-poh] unfortunately
quanto [qwahn-toh] how, how much
questo [qwehs-toh] this
qui [qwee] here
ristorante (*m.*) [hrees-toh-hran-teh] restaurant
segretaria (*f.*) [seh-greh-tah-hriah] secretary,
  receptionist
sì [see] yes
si chiama [see kiah-mah] he/she is called
signora (*f.*) [see-n'yoh-hrah] Mrs., madam
signore (*m.*) [see-n'yoh-hreh] Mr., sir
signorina (*f.*) [see-n'yoh-hree-nah] Miss, young lady
síngolo [sín-goh-loh] single
solo [soh-loh] only
specialmente [speh-chahl-mehn-teh] especially
studente (*m.*) [stoo-dehn-teh] student
Suo, Sua [soo-oh, soo-ah] your, yours
un, uno, una [oon, oo-noh, oo-nah] a, an
un po' [oon poh] a little
Venezia (*f.*) [veh-neh-tsiah] Venice
vero [veh-hroh] true
vicino [vee-chee-noh] near
zero (*m.*) [dzeh-hroh] zero, none
zoo (*m.*) [dzoh-oh] zoo

Chapter 2

In this chapter you will learn to talk about your family, describe your own home, ask about various rooms in the house, and discuss the daily routine.

The grammar includes:
* *plurals of articles, nouns, and adjectives*
* *possessive adjectives and pronouns **mio, tuo**, etc. (my, mine, yours, etc.)*
* *present tense of **-ere** and **-ire** verbs: **vivere** (to live) and **dormire** (to sleep)*
* *interrogatives: **che?** (what?), **di chi?** (whose?), **dove?** (where?)*
* *prepositions: **a, da, di, in, su***
* *possession*

DAILY ROUTINE

Carefully read the following conversation (or listen to the recording) and check that you understand it all by looking at the translation. When you feel sure that you remember the key points, answer the questions given in Exercise 6.

Conversation A

In una famiglia italiana
With an Italian family

A conversation between the Italian host, signora Silvestri (S), and her guest, an American student, Peter Taylor (T).

S **Buongiorno signor Taylor, e benvenuto a casa nostra.**
Good morning, Mr. Taylor, and welcome to our house.

T **Buongiorno signora Silvestri, piacere di conóscerla. È questa la mia cámera?**
Good morning, Mrs. Silvestri, pleased to meet you. Is this my room?

S **Sì. È un po' píccola ma ha tutti i móbili necessari. E dalla finestra vede anche il Colosseo.**
Yes, it is a little small but has all the necessary furniture. From the window you can see the Colosseum.

T **Sì, sì. Mi piace, è luminosa e ha anche una scrivanía per tutti i miei libri.**
Yes, I like it. It is bright and has even got a desk for all my books.

S **Tutti i miei óspiti préndono la prima colazione qui. Va bene anche per lei?**
All my guests have their breakfast here. Is that all right with you?

T **Sì, beníssimo. E, scusi, dov'è il bagno per favore?**
Yes, fine. Where is the bathroom, please?

S **È in fondo al corridoio a destra.**
At the end of the corridor on the right.

T **Dove metto la mia valigia?**
Where can I put my suitcase?

S **Nello sgabuzzino vicino alla cucina.**
In the closet near the kitchen.

T **Grazie signora. Adesso metto via la mia roba.**
Thank you. Now I can put my things away.

Exercise 6

Answer these questions on Conversation A:
  1 La cámera del signor Taylor è grande?
  2 Dov'è il bagno?
  3 La signora Silvestri offre la colazione ai suoi óspiti?
  4 Dove mette la valigia il signor Taylor?
  5 Dov'è lo sgabuzzino?

9 Mr. Mrs. Miss

Note that **signore, signora,** and **signorina** take the definite article when they are followed by name or last name. Note also that **signore** becomes **signor**:

Il *signor* Bianchi è italiano. *Mr. Bianchi is Italian.*
La signorina Rossi è qui. *Miss Rossi is here.*

But in direct speech these articles are not used:

Buongiorno, signora Rossi. *Good morning, Mrs. Rossi.*

10 Plurals of the articles

The Italian definite articles **il, lo, la, l'** ("the") change in the plural:

	Singular	Plural
Masculine	**il**	**i**
	lo, l'	**gli**
Feminine	**la, l'**	**le**

IMITATED PRONUNCIATION (9/10): see-n'yohr; qwee; bwohn-johr-noh. eel, ee; loh, l'yee; lah, leh.

11 Plurals of nouns and adjectives

When you want to make a noun plural, you have to change its ending:

	Singular	Plural
Masculine	*il* libro	*i* libri
	the book	the books
	lo studente	*gli* studenti
	the student	the students
	*l'*ingresso	*gli* ingressi
	the hall	the halls
Feminine	*la* cámera	*le* cámere
	the room	the rooms
	*l'*ora	*le* ore
	the hour	the hours

This rule applies also to adjectives:

la cámera ammobiliata
the furnished room
il signore americano
the American gentleman
la signorina americana
the American young woman

le cámer*e* **ammobiliat***e*
the furnished rooms
i signor*i* **american***i*
the American gentlemen
le signorin*e* **american***e*
the American young women

To help you with this rule, remember:

Singular		Plural	
	-o		-i
	-e		-i
	-a		-e

Note that the endings of the noun and the adjective don't always match:

la cas*a* grande **le cas*e* grand*i***
the big house the big houses

IMITATED PRONUNCIATION (11): eel lee-broh, ee lee-bree;
loh stoo-dehn-teh, l'yee stoo-dehn-tee; leen-gres-soh,
l'yee een-gres-see; lah káh-meh-hrah, leh káh-meh-hreh; loh-hrah,
leh oh-hreh; lah káh-meh-hrah ahm-moh-beel-yah-tah,
leh káh-meh-hreh ahm-moh-beel-yah-teh;
eel see-n'yoh-hreh in-gleh-zeh, ee see-n'yoh-hree in-gleh-zeh;
lah see-n'yoh-hree-nah in-gleh-zeh, leh see-ntyoh-hree-neh
in-gleh-zee; lah kah-zah grahn-deh, leh kah-zeh grahn-dee.

Exercise 7

Put the following sentences into the plural:
Example:
Questo è il nostro libro.
   Plural: Questi sono i nostri libri.
Io guardo il giornale.
   Noi guardiamo i giornali.

1 Questa è la mia cámera.
2 Il bagno è occupato.
3 Io lavoro per la mia compagnía.
4 Lo studente americano studia molto.
5 La sua valigia è vuota.
6 Il pasto comincia dopo le nove.
7 Il nostro pensionante parla bene la lingua.
8 La signora arriva con la figlia.
9 Se la porta è aperta io entro.
10 L'appartamento al primo piano è spazioso.

IMITATED PRONUNCIATION (Ex.7): All new words in this
exercise should be found in the vocabulary list at the end of the
chapter. Check there for the imitated pronunciation, should you be
in any doubt. The same applies to other exercises.

HOME AND FAMILY

Read the conversation carefully, try and memorize the key phrases, and then answer the questions in Exercise 8.

CONVERSATION B

María has just moved into her new apartment and describes it to her friend, Luigi.

Luigi   Allora, sei contenta della tua nuova casa?
Are you happy in your new home, then?

María   Sì, abbastanza. Non è molto grande, ma almeno ci sono due cámere da letto per i bambini.
Yes, quite. It is not very big, but at least there are two bedrooms for the children.

Luigi   Quante stanze avete in tutto?
How many rooms do you have altogether?

María   Tre cámere da letto, la sala, il tinello, la cucina e il bagno.
Three bedrooms, dining room, breakfast room, kitchen, and bathroom.

Luigi   E avete anche un bel terrazzo, vero?
And you have a beautiful terrace, don't you?

María   Sì, siamo al quarto piano con un grande terrazzo sul davanti e una sala abbastanza spaziosa.
Yes, we are on the fourth floor with a large terrace at the front and a fairly big dining room.

Luigi   Che bello! Così potete mangiár fuori d'estate.
How lovely! So you can eat outside in the summer.

María	**Appunto. E desideriamo invitare tutti i nostri amici il próssimo weekend. Venite anche voi, vero?**
	Exactly. And next weekend we want to invite all our friends. Will you come?
Luigi	**Certo, molto volentieri. Scrivi qui il tuo nuovo indirizzo. Vivete lontano dal centro?**
	Yes, we will be pleased to. Write your new address here. Do you live far from the center of town?
María	**Sì, viviamo in perifería, ma c'è la metropoli-tana vicino.**
	Yes, we live in the suburbs, but there is the subway nearby.
Luigi	**Beníssimo. Allora a sábato, ciao.**
	Good. See you Saturday then. Good-bye.
María	**Ciao Luigi. Arrivederci.**
	'Bye Luigi. See you soon.

Exercise 8

Answer the following questions on Conversation B:

1 Quante cámere ha l'appartamento di María?
2 A che piano è?
3 Che cosa fa Luigi il próssimo weekend?
4 María vive vicino al centro?
5 C'è la metropolitana vicino alla casa di María?

Exercise 9

You live in a small house with two bedrooms, a large kitchen, and a big garden on the outskirts of Boston. Describe this to your business acquaintance signor Bianchi (B), who is planning to come and visit you.

Fill the gaps with the correct form of the words given in brackets:

B   Lei ábita a Boston, vero?
You   Sì, ma non in centro … (*I live in the suburbs*).
B   Ah, è difficile venire a casa Sua?
You   No, … (*there is the subway nearby*).
B   E una casa o un appartamento?
You   È … (*a small house with a large garden*).
B   In Boston ci sono molte di queste case?
You   Sì, al pianterreno c'è … (*a large kitchen*).
B   E al primo piano che cosa c'è?
You   Ci sono … (*two bedrooms and a bathroom*).
B   Ma la vostra casa non è troppo lontana dall'ufficio?
You   No, … (*it is fairly near*).
B   Siete proprio fortunati!

12 Present tense of "-ere" and "-ire" verbs

Italian verbs ending in **-ere** and **-ire** in the infinitive have very similar endings in the present:

	vívere (*to live*)	**dormire** (*to sleep*)
io	vivo	dormo
tu	vivi	dormi
Lei	vive	dorme
noi	viviamo	dormiamo
voi	vivete	dormite
loro	vívono	dórmono

Other Italian verbs like **vívere** are: **préndere** (to take), **vedere** (to see), **scrívere** (to write). Verbs ending in **-ire** and conjugated like **dormire** are: **sentire** (to hear), **vestire** (to dress), **aprire** (to open).

There are many irregular verbs ending in **-ere** and **-ire** and they will be explained as they occur in the book.

IMITATED PRONUNCIATION (12): vée-veh-hreh; vee-voh; vee-vee; vee-veh; vee-vee-ah-mo; vee-veh-teh; vée-voh-moh. dohr-mee-reh; dohr-moh; dohr-mee; dohr-meh; dohr-mee-ah-moh, dohr-mee-teh; dóhr-moh-noh; préhn-deh-hreh; skree-veh-hreh; sehn-tee-hreh; vehs-tee-hreh; ah-pree-hreh.

Exercise 10

Complete the following sentences using the correct present tense of the verb given in brackets:

1 La signora Bianchi (vívere) in perifería.
2 I bambini (dormire) in una píccola cámera da letto.
3 Noi (préndere) il treno.
4 Voi (sentire) molto rumore dalla strada?
5 E tu perchè non (aprire) la finestra?
6 Voi (vedere) molti film alla televisione?
7 Gianni e María (vestire) con molta eleganza.
8 Voi non (sentire) mai il campanello.
9 Dove (méttere) le valigie lo studente?
10 Noi (conóscere) Firenze molto bene.

13 Possessive adjectives and pronouns

In order to establish ownership, you use these possessive forms:

	(*m.sing.*)	(*f. sing.*)	(*m. pl.*)	(*f. pl.*)
my, mine	**mio**	**mia**	**miei**	**mie**
your, yours (*fam.*)	**tuo**	**tua**	**tuoi**	**tue**
his, her, hers	**suo**	**sua**	**suoi**	**sue**
your, yours (*formal*)	**Suo**	**Sua**	**Suoi**	**Sue**
our, ours	**nostro**	**nostra**	**nostri**	**nostre**
your, yours (*plùral*)	**vostro**	**vostra**	**vostri**	**vostre**
their, theirs	**il loro**	**la loro**	**i loro**	**le loro**

Note: all these adjectives and pronouns agree with the thing possessed, not with the possessor:

la sua casa   *his house*
i miei libri   *my books*

Also note that in Italian they are preceded by an article:

la **nostra cámera**   *our room*
i **vostri pensionanti**   *your lodgers*

BUT the article is omitted with most of them before members of the family in the singular:

mio marito   *my husband*
sua moglie   *his wife*

Loro, however, is always used with an article:

il loro **padre**   *their father*

IMITATED PRONUNCIATION (13): mee-oh, mee-ah, mee-eh'ee, mee-eh; too-oh, too-ah, too-oh'ee, too-eh; soo-oh, soo-ah, soo-oh'ee, soo-eh; nohs-troh, nohs-trah; nohs-tree, nohs-treh; vohs-troh, vohs-trah, vohs-tree, vohs-treh; eel lohr-hroh, lah lohr-hroh, ee lohr-hroh, leh lohr-hroh.

Exercise 11

Complete the following sentences using the correct form of the possessive adjectives with or without the articles, as in the rule in Section 13.

Example:

Questa è (*my*) cámera.   Questa è *la mia* cámera.
Questa è (*my*) moglie.   Questa è *mia* moglie.

1 Oggi invitiamo Mario e (his) figli.
2 (her) appartamento è al terzo piano.
3 I Bianchi vivono con (their) famiglia.
4 Vivete ancora con (your) genitori?
5 Ho un appuntamento con (my) amici.
6 Vai al cínema con (your) madre?
7 Signora, Lei conosce (our) ditta?
8 Questo è (my) padre.
9 Signor Bianchi, dove sono (your) valigie?
10 Signori, sono queste (your) valigie?

RENTING AN APARTMENT

First look at the five questions in Exercise 12, then read (or listen to) the whole conversation a few times and see if you can answer the questions orally without looking at the English translation.

Then go through the conversation again, more thoroughly this time, and write the answers in Italian.

CONVERSATION C

Un appartamento da affittare
An apartment to rent

Mrs. Smith (S) is renting an apartment in Naples and wants to find out from the landlord, signor Piani (P), as much as possible about location, facilities, etc.

P   Abbiamo un appartamento ammobiliato líbero in luglio.
We have a furnished apartment free in July.

S   Dov'è l'appartamento?
Where is the apartment?

P   È vicino al centro di Nápoli.
Near the center of Naples.

S   C'è una scuola vicino? Perchè i miei figli vanno ancora a scuola.
Is there a school nearby? Because my children are still at school.

P   Sì, ci sono le scuole elementari e anche una scuola media.
Yes, there are primary schools and a middle school.

S   C'è un garage per la nostra mácchina?
Is there a garage for our car?

P   Sì, ma l'affitto del garage è extra.
Yes, but the rent for the garage is extra.

S   Capisco. E quante stanze ci sono?
I understand. How many rooms are there?

P   Tre cámere da letto, la sala da pranzo, il tinello, una cucina moderna e due bagni.
Three bedrooms, dining room, breakfast room, a modern kitchen, and two bathrooms.

S   A che piano è?
What floor is it on?

P   Al sesto piano, ma c'è l'ascensore.
On the sixth, but there is an elevator.

S   L'appartamento è ammobiliato, vero? C'è tutto il necessario?
The apartment is furnished, isn't it? Is everything provided?

P   Sì, c'è la lavatrice, l'aspirapólvere, la lavapiatti e forniamo anche la bianchería se desídera.
Yes, there is a washing machine, a vacuum cleaner, a dishwasher, and we provide linens if you wish.

S   Beníssimo. Abbiamo noi la bianchería, ma i miei bambini chiédono se c'è anche la televisione.
Good. We do have linens, but my children want to know if there is a television as well.

P   Sì, certo.
Yes, certainly.

S   Ci sono negozi lì vicino? Questo è importante per noi.
Are there local stores? This is important for us.

P   Sì, c'è un supermercato nella stessa strada e anche un mercato in Piazza Indipendenza.
Yes, there is a supermarket on the same road and also a market in Piazza Indipendenza.

S   È possíbile avere le chiavi oggi per vedere l'appartamento?
Is it possible to have the keys to see the apartment today?

P   Certo.
Certainly.

14 "C'è" (there is) and "ci sono" (there are)

As you have seen in the conversation, when you want to use "there is" or "there are" in Italian you use c'è and ci sono:

c'è un supermercato	*there is a supermarket*
ci sono negozi	*there are stores*

Note that **c'è** and **ci sono** remain the same with a question and in the negative form:

C'è la metropolitana?	**No, non c'è.**
Is there a subway?	*No, there isn't.*
Ci sono negozi?	**Sì, ci sono molti negozi.**
Are there stores?	*Yes, there are many stores.*

IMITATED PRONUNCIATION (14): cheh; chee soh-noh; soo-pehr-mehr-kah-toh; neh-goh-dzee; meh-troh-poh-lee-tah-nah.

Exercise 12

Answer these questions concerning Conversation C as explained above. You may answer yes/no, etc., but give a full reply if you can:

1 La signora Smith ha bambini?
2 L'affitto comprende il garage?
3 La signora desídera avere la bianchería?
4 Dov'è il mercato?
5 C'è tutto il necessario nell'appartamento?

15 Prepositions

The most commonly used prepositions are:

a	to, at
da	from, by
di	of
in	in, at
su	on

These prepositions are used the same way as in English when they are followed by the indefinite article (**un, una, uno,** or **un**):

di una signora
a un figlio

But when they are followed by the definite article (**il, lo, la, l', i, gli, le**), they contract and combine to form one word. These are all the possible forms of contracted prepositions:

	(m. sing.)			*(f. sing.)*		*(m. pl.)*		*(f. pl.)*
a	al	allo	all'	alla	all'	ai	agli	alle
da	dal	dallo	dall'	dalla	dall'	dai	dagli	dalle
di	del	dello	dell'	della	dell'	dei	degli	delle
in	nel	nello	nell'	nella	nell'	nei	negli	nelle
su	sul	sullo	sull'	sulla	sull'	sui	sugli	sulle

These are the only prepositions that have a contracted form in modern Italian. All the other prepositions that you will see in the book are separate from the following article:

per la ragazza	*for the girl*
con i miei figli	*with my children*

16 Possession

In Italian there is no equivalent of the English 's (as in "the student's room"); possession is expressed by **di**, **del**, etc.:

the student's room   **la stanza *dello* studente**

These prepositions are also used in expressions like:

the kitchen door   **la porta *della* cucina**

17 Interrogatives

When asking the question "whose?" in Italian, you say **di chi?**:

Di chi è questa casa? *Whose house is this?*

"What?" is translated by **che?** or **che cosa?** (often shortened to **cosa?**):

Che/Che cosa/Cosa desídera? *What do you want?*

"Where" is translated by **dove:**

Dove ábita? *Where do you live?*

Exercise 13

Answer the following questions using the correct form of the contracted prepositions **del, dello, dell', della, dei, degli, delle**:

Example:

Di chi è questa stanza? (ragazza)   È *della* ragazza.
Whose room is this?   *It is the girl's.*

1 Di chi è l'appartamento? (signor Rossi)
2 Di chi è la scrivanía ? (studenti)
3 Di chi è questo libro? (mio amico)
4 Di chi è la mácchina? (signora Rossi)
5 Di chi è la cámera? (bambini)

Exercise 14

Put the correct form of the contracted prepositions **al, allo, all', alla, ai, agli, alle** *in the spaces provided:*

Example:

La stazione è vicino ... parco.
   La stazione è vicino *al* parco.

1 Il ristorante è vicino ... zoo.
2 Il bar è vicino ... ristorante.
3 La sala è vicino ... cucina.
4 Il parco è vicino ... giardini.
5 La porta è vicino ... finestre.
6 I ragazzi sono vicino ... albergo.
7 I libri sono vicino ... studenti.

Exercise 15

Put the following sentences into the plural:

1 Trovo l'appartamento ammobiliato sul giornale.
2 La figlia della signora vive con il suo ragazzo.
3 Non vedo la differenza tra questa casa e l'altra.
4 La chiave della porta è dalla portinaia.
5 L'inquilino prende la cartolina dalla cassetta delle léttere.

Exercise 16

Put the following sentences into the singular:

1 Mettiamo la nostra mácchina in garage.
2 Partiamo per l'ufficio da soli.
3 Scrivete a vostra sorella oggi?
4 I suoi fratelli vívono qui?
5 Séntono molti rumori nelle strade affollate.

Exercise 17

Translate the following sentences:

1 Mary lives with her father in Rome.
2 My apartment is near the center of Milan.
3 Whose bedroom is this? It is the children's.
4 Their kitchen is small.
5 Where do you (plural) live, in an apartment or (in) a house?

Key Phrases & Vocabulary

Try and memorize these phrases to help you recall the
main grammatical points and the subject matter of this
chapter:

Dov'è il suo appartamento?
Quante stanze ci sono?
Di chi è questo?
Mio marito e i miei figli vívono in Italia.

You should be familiar with the words listed below, since
they've appeared in this chapter. Nevertheless, check
how well you've learned them by covering up one column
or the other and translating.

Vocabulary

a [ah]	to, at
abbastanza [ahb-bas-tahn-tsah]	quite, enough
affitto (*m.*) [ahf-feet-toh]	rent
affollato [ahf-fohl-lah-toh]	crowded
allegro [ahl-leh-groh]	cheerful
allora [ahl-loh-hrah]	then
almeno [ahl-meh-noh]	at least
amico (*m.*) [ah-mee-koh]	friend
amici (*m. pl.*) [ah-mee-chee]	friends
ammobiliato [ahm-moh-beel-yah-toh]	furnished
anche [ahn-keh]	also, too, as well
ancora [ahn-koh-hrah]	still, again, yet
aperto [ah-pehr-toh]	open
appuntamento (*m.*) [ahp-poon-tah-mehn-toh]	appointment
appunto [ahp-poon-toh]	precisely
aprire [ah-pree-hreh]	to open
arrivederci [ahr-ree-veh-dehr-chee]	bye-bye, good-bye
aspirapólvere (*m.*) [ahs-pee-hrah-póhl-veh-hreh]	vacuum cleaner
bagno (*m.*) [bah-n'yoh]	bathroom

bambino (*m.*) [bahm-bee-noh] — child
benvenuto [behn-veh-noo-toh] — welcome
biancheria (*f.*) [biahn-keh-hree-ah] — linen
cámera da letto (*m.*)
  [káh-meh-hrah dah leht-toh] — bedroom
cartolina (*f.*) [kahr-toh-lee-nah] — postcard
cassetta delle léttere (*f.*)
  [kahs-set-tah dehl-leh léht-teh-hreh] — mailbox
che, che cosa [keh koh-zah] — what
chiédere [kyéh-deh-hreh] — to ask
ciao [chaoh] — hello, good-bye
colazione (*f.*) [koh-lah-tzioh-neh] — breakfast
compagnía (*f.*) [kom-pah-n'yee-ah] — company
contento [kohn-tehn-toh] — happy
corridoio (*m.*) [kohr-hree-doy-oh] — corridor
così [koh-zèe] — so, like this
cucina (*f.*) [koo-chee-nah] — kitchen
da [dah] — from, by
davanti a [dah-vahn-tee ah] — in front of
desiderare [deh-zee-deh-hrah-hreh] — to wish
destra [dehs-trah] — right
differenza (*f.*) [deef-feh-hren-tsah] — difference
difficile [deef-fée-chee-leh] — difficult
ditta (*f.*) [deet-tah] — firm
dormire [dohr-mee-hreh] — to sleep
due [doo-eh] — two
estate (*f.*) [ehs-tah-teh] — summer
extra [ehks-trah] — extra
famiglia (*f.*) [fah-mee-l'yah] — family
figlio (*m.*) [fee-l'yoh] — son, child
finestra (*f.*) [fee-nehs-trah] — window
fratello (*m.*) [frah-tehl-loh] — brother
fuori [fwoh-hri] — outside
garage (*m.*) [gah-hrah-jeh] — garage
genitori (*m. pl.*) [jeh-nee-toh-hree] — parents
giardino (*m.*) [jahr-dee-noh] — garden
giornale (*m.*) [johr-nah-leh] — newspaper
grande [grahn-deh] — big
importante [im-pohr-tahn-teh] — important
indirizzo (*m.*) [in-dee-hreedz-zoh] — address

in fondo a [in fohn-doh ah]	at the end of
inquilino (*m.*) [in-qwee-lee-noh]	tenant
in tutto [in toot-toh]	altogether
invitare [in-vee-tah-hreh]	to invite
lavapiatti (*f.*) [lah-vah-piaht-tee]	dishwasher
lavatrice (*f.*) [lah-vah-tree-cheh]	washing machine
lingua (*f.*) [lin-gwah]	language
lontano da [lohn-tah-noh dah]	far from
luglio (*m.*) [loo-l'yoh]	July
ma [mah]	but
mácchina (*f.*) [máhk-kee-nah]	car
madre (*f.*) [mah-dreh]	mother
mangiare [mahn-jah-hreh]	to eat
Metropolitana (*f.*) [meh-troh-poh-lee-tah-nah]	subway
méttere [méht-teh-hreh]	to put
móbili (*m. pl.*) [móh-bee-lee]	furniture
moderno [moh-dehr-noh]	modern
negozio (*m.*) [neh-goh-dzioh]	shop
occupato [ohk-koo-pah-toh]	busy
occupazione (*f.*) [ohk-koo-pah-dzioh-neh]	occupation
óspite (*m. & f.*) [óhs-pee-teh]	guest
padre (*m.*) [pah-dreh]	father
pasto (*m.*) [pahs-toh]	meal
pensionante (*m. & f.*) [pehn-sioh-nahn-teh]	paying guest
periferia (*f.*) [peh-hree-feh-hree-ah]	suburbs
piano (*m.*) [piah-noh]	floor
pianterreno (*m.*) [pian-tehr-hreh-noh]	ground floor
piazza (*f.*) [piadz-zah]	square
porta (*f.*) [pohr-tah]	door
portinaio (*m.*) [pohr-tee-nay-oh]	doorman
possíbile [pohs-sée-bee-leh]	possible
potere [poh-teh-hreh]	to be able
préndere [préhn-deh-hreh]	to take, to fetch
primo [pree-moh]	first
próssimo [próhs-see-moh]	next
quarto [qwahr-toh]	fourth

ragazzo (*m.*) [hrah-gadz-zoh]	boy, boyfriend
roba (*f.*) [hroh-bah]	belongings, things
rumore (*m.*) [hroo-moh-hreh]	noise
sábato (*m.*) [sáh-bah-toh]	Saturday
sala da pranzo (*f.*)	
[sah-lah dah prahn-dzoh]	dining room
scrivanía (*f.*) [skree-vah-nee-ah]	desk
scrívere [skrée-veh-hreh]	to write
scuola (*f.*) [sqwoh-lah]	school
scuola elementare (*f.*)	
[eh-leh-mehn-tah-hreh]	elementary school
scuola media (*f.*) [meh-diah]	middle school
sentire [sehn-tee-hreh]	to hear
sesto [sehs-toh]	sixth
sgabuzzino (*m.*) [sgah-boodz-zee-noh]	closet
sorella (*f.*) [soh-hrehl-lah]	sister
spazioso [spah-dzioh-zoh]	roomy
stanza (*f.*) [stahn-dzah]	room
su [soo]	on
supermercato (*m.*)	
[soo-pehr-mehr-kah-toh]	supermarket
televisione (*f.*) [teh-leh-vee-zioh-neh]	television
terrazzo (*m.*) [tehr-hradz-zoh]	terrace
tinello (*m.*) [tee-nehl-loh]	breakfast room
tra [trah]	among, between
trovare [troh-vah-hreh]	to find
valigia (*f.*) [vah-lee-jah]	suitcase
vedere [veh-deh-hreh]	to see
vestire [vehs-tee-hreh	to dress
vívere [vée-veh-hreh]	to live
vuoto [vwoh-toh]	empty
weekend (*m.*) [week-end]	weekend
zio (*m.*) [dzee-oh]	uncle

Chapter 3

In this chapter you will learn to ask directions, use public and private transportation, ask about tickets, and find out times of arrivals and departures.

The grammar will include:
- demonstrative adjectives and pronouns (this, that, those, etc.)
- indefinite adjectives (some, any, etc.)
- use of perfect tense and irregular past participles
- telling the time
- numbers up to 1,000
- irregular verbs: **andare** (to go) and **fare** (to do, make)

ASKING DIRECTIONS, BUYING TICKETS

CONVERSATION A

Alla CIT
At the Italian State Tourist Office

Peter Taylor wants to get to know Rome and goes to *CIT (Compagnia Italiana Turismo)* to ask the agency clerk, signorina Carla Sacchi, for a map of the city and information about public transportation.

Peter   Buongiorno, signorina. Scusi, ha una cartina di Roma?
Good morning, Miss. Do you have a map of Rome, please?

Carla In inglese o in italiano?
In English or in Italian?

Peter In italiano, grazie. Studio l'italiano all'uni
versità e così imparo di più.
*In Italian, please. I'm studying Italian at the univer-
sity and this way I learn more.*

Carla Buon'idea. Éccola. Desídera qualche altra
informazione?
*Good idea! Here it is. Do you want any other
information?* **[Peter apre la cartina]** *[Peter opens
the map]*

Peter È questa l'università?
Is this the university?

Carla No, quello è il politécnico. Questi sono gli
istituti universitari.
*No, that's the polytechnic. These are the university
institutes.*

Peter Grazie, e c'è un áutobus o la metropolitana?
Thank you, is there a bus or the subway?

Carla Dunque, vede qui sulla carta, questa è la
metropolitana, e qui c'è la fermata
dell'áutobus.
*Well, you see here on the map, this is the
subway and here is the bus stop.*

Peter Grazie mille, signorina. Dove compro i
biglietti per l'áutobus?
*Thank you very much. Where can I buy the tickets for
the bus?*

Carla Dal tabaccaio o dal giornalaio. Cóstano
settecentocinquanta lire l'uno. Ogni biglietto è
válido per settantacinque minuti.
*At the tobacconist's or a newsstand. They cost 750
lire each. Each ticket is valid for 75 minutes.*

Peter Settantacinque minuti per qualsíasi distanza?
75 minutes whatever the distance?

Carla	**Sì, anche quando cambia áutobus.**
	Yes, even when you change bus.
Peter	**Grazie. Arrivederci.**
	Thank you. Good-bye.
Carla	**Arrivederci e buon soggiorno.**
	Good-bye and have a nice stay.

Exercise 18

Read or listen to Conversation A carefully, then answer the following questions:

1 Dove va Peter?
2 Che cosa desídera?
3 Dove compra i biglietti per l'áutobus?
4 Per quanti minuti è válido un biglietto?
5 Quanto costa il biglietto?

18 Demonstrative adjectives and pronouns

"This"' and "these" are translated by:

questo	*(m. sing.)*
questa	*(f. sing.)*
questi	*(m. pl.)*
queste	*(f. pl.)*

These adjectives and pronouns are regular in all their forms:

questo áutobus è in ritardo
   this bus is late
questa è la Sua cartina
   this is your map

questi sono gli istituti
these are the institutes
queste fermate sono obbligatorie
these are compulsory stops

"That" and "those" are translated by:

quel, quell', quello   (*m. sing.*)
quella, quell'   (*f. sing.*)
quei, quegli   (*m. pl.*)
quelle   (*f. pl.*)

Note that the masculine forms have the same endings as the definite articles (**il, lo, l', i, gli**) according to whether the word that follows begins with a vowel or a consonant. So you use:

quel   when you would use **il** (before consonants)
quell' when you would use **l'** (before vowels)
quello when you would use **lo** (before **z, s** + consonant, **gn**)
quei   when you would use **i** (before consonants)
quegli when you would use **gli** (before vowels, **z,**
                                       s + consonant, **gn**)

Examples:

Quel semáforo non funziona.   *Those traffic lights don't work.*
Quell'áutobus è in orario.   *That bus is on time.*
Quello studente è americano.   *That student is American.*
Quella motocicletta è
  pericolosa.   *That motorcycle is dangerous.*
Quell'automóbile è guasta.   *That car is not working.*
Quei viaggiatori sono seduti. *Those travelers are seated.*
Quegli sportelli sono aperti. *Those doors are open.*
Quelle gomme sono sgonfie.   *Those tires are flat.*

BUT the demonstrative *pronouns* (i.e., when **quello, quelli, quella**, and **quelle** are used on their own) have regular endings in the singular and in the plural:

Quello è l'ufficio informazioni.
That's the information office.
Quelli sono tutti posti prenotati.
Those are all reserved seats.

Note that these pronouns also translate the English "the one/ones."

Quel posto è occupato, prendo quello vicino al finestrino.
That seat is taken, I am taking the one near the window.

IMITATED PRONUNCIATION (18): kwehs-toh, kwehs-tah, kwehs-tee, kwehs-teh; ów-toh-boos; hree-tahr-doh; kahr-tee-nah; is-tee-too-tee; fehr-mah-teh; ohb-blee-gah-toh-hree-eh; kwehll; kwehl-loh; kwehl-lah; kweh'ee; kwehl-l'yee; kwehl-leh.
For the pronunciation of nouns in the remaining model sentences, consult the vocabulary list at the end of this chapter.

Exercise 19

*Change the following sentences using **quel, quell', quello, quella, quei, quegli, quelle** instead of the definite articles.*

Example:
I treni sono veloci.   *Quei* treni sono veloci.

1 La cartina è gratis.
2 L'áutobus è affollato.
3 Il treno è veloce.
4 Lo scompartimento è riservato.
5 Partite con gli amici di Emma?
6 Porti le valigie in stazione?
7 I biglietti sono di andata e ritorno.
8 Gli orari non sono giusti.
9 Parti con l'aéreo?
10 Sono líberi i posti?

Exercise 20

Translate the following sentences:
1 This is my seat.
2 These tickets are valid for three hours.
3 These are my Italian guests.
4 We take that train.
5 Is that the bus stop?
6 Those children are American.
7 We travel on that bus.
8 Those are my suitcases.
9 That [train] door is open.
10 This is the station.

19 Indefinite Adjectives

The indefinite adjectives are **qualche** (some), **ogni** (every), **qualsíasi/qualunque** (any, whatever).

ogni vagone	*every/each car (on a train)*
qualche ora	*some hours*
qualsíasi distanza	*whatever distance*
qualunque autostrada	*any highway*

Note: these indefinite adjectives are ALWAYS singular in Italian:

Qualche **treno** *arriva* **in orario.**   *Some trains arrive on time.*

IMITATED PRONUNCIATION (19): kwahl-keh; oh-n'yee; kwahl-sée-ah-see; kwahl-oon-kweh; vah-goh-neh; oh-hrah; dees-tahn-tzah; ow-toh-strah-dah; treh-noh; oh-hrah-hrioh.

BUSES AND TRAINS

CONVERSATION B

Alla fermata dell'áutobus
At the bus stop

Peter is now at the bus stop waiting to catch the bus to the university. Signora Mazzi, who is also waiting there, starts talking to him.

Signora Prende anche Lei il trédici?
Are you also taking the 13?

Peter Veramente non sono sicuro. Qual è l'áutobus per l'università?
I'm not sure actually. Which is the bus for the university?

Signora Quello è il venticinque e passa ogni dieci minuti.
That's the 25, and there is one every 10 minutes.

Peter Scusi, che ore sono adesso?
What's the time, please?

Signora Sono le úndici e mezzo.
11:30.

Peter Grazie, signora. E Lei dove va?
Thank you. Where are you going?

Signora Ho un appuntamento con mia figlia, in Piazza Navona a mezzogiorno.
I have an appointment with my daughter in Piazza Navona at noon.

Peter Quanto ci vuole in áutobus?
How long does it take by bus?

Signora Circa un quarto d'ora. Ma, vede quell'áutobus? È il venticinque. È proprio fortunato Lei!
About a quarter of an hour. But do you see that bus? It's the 25, you are really lucky!

Exercise 21

Read or listen to Conversation B several times and, when you are sure you remember the key points, answer these questions:

1 Dove va l'áutobus 13?
2 Che ore sono?
3 A che ora ha appuntamento la signora?
4 Quanto ci vuole per andare in Piazza Navona?
5 Che áutobus va all'università?

20 Numbers

1	uno	16	sédici
2	due	17	diciassette
3	tre	18	diciotto
4	quattro	19	diciannove
5	cinque	20	venti
6	sei	30	trenta
7	sette	40	quaranta
8	otto	50	cinquanta
9	nove	60	sessanta
10	dieci	70	settanta
11	úndici	80	ottanta
12	dódici	90	novanta
13	trédici	100	cento
14	quattórdici	200	duecento
15	quíndici	1,000	mille

Note: all numbers in Italian are written as one word. So:

23	**ventitrè**
197	**centonovantasette**
865	**ottocentosessantacinque**

BUT: when using tens and units you drop the endings of **venti**, **trenta**, **quaranta**, etc., before **uno** and **otto**:

21 **ventuno**	31 **trentuno**	41 **quarantuno, etc.**
28 **ventotto**	38 **trentotto**	48 **quarantotto, etc.**

IMITATED PRONUNCIATION (20): oo-noh; doo-eh; treh; kwaht-troh; cheen-kweh; say'ee; seht-teh; oht-toh; noh-veh; dee-ay-chee; óon-dee-chee; dóh-dee-chee; treh-dee-chee; kwah-tóhr-dee-chee; kwín-dee-chee; séh-dee-chee; dee-chah-seht-teh; dee-choht-toh; dee-chah-noh-veh; vehn-tee; trehn-tah; kwah-hrahn-tah; cheen-kwahn-tah; sehs-sahn-tah; seht-tahn-tah; oht-tahn-tah; noh-vahn-tah; chehn-toh; doo-eh-chehn-toh; meel-leh. vehn-tee-tréh; chehn-toh noh-vahn-tah seht-teh; oht-toh chehn-toh sehs-sahn-tah cheen-kweh; vehn-too-noh; vehn-toht-toh, etc.

21 Telling the time

To ask *What's the time?* in Italian you say: **Che ore sono**? or **Che ora è**? The answer is: **Sono le** … followed by the hour and then the minutes.

it is 5:30		**sono le cinque e mezzo**
it is 6:00		**sono le sei**
it is 6:15		**sono le sei e un quarto**
it is 6:45		**sono le sei e tre quarti**
	or:	**sono le sette meno un quarto**
it is 6:05		**sono le sei e cinque**
it is 6:55		**sono le sei e cinquantacinque**
	or:	**sono le sette meno cinque**

Note that **mezzogiorno** (noon), **mezzanotte** (midnight), and **l'una** (one o'clock) are used with **è**:

it is noon	**è mezzogiorno**
it is midnight	**è mezzanotte**
it is one o'clock	**è l'una**

Note also that instead of using "A.M." or "P.M."' in Italian you use the 24 hour system:

it is 8:20 P.M.   **sono le venti e venti**

Exercise 22

Write down the time in Italian as in the examples below:
12:30   È mezzogiorno e mezzo.
 7:45   Sono le sette e tre quarti/ Sono le otto meno un quarto.

1 2:30	5 24:00	9 2:50
2 3:00	6 4:45	10 7:10
3 21:00	7 8:35	
4 12:15	8 1:30	

To ask *At what time … ?*(i.e. when something happens) you say a **che ora:**

At what time does the bus leave? **A che ora parte l'áutobus?**
At 4:30. **Alle quattro e mezzo.**
At one o'clock. **All'una.**
At midnight. **A mezzanotte.**

Exercise 23

Change the following statements into a question and an answer using **a che ora**. *For example:*
Il treno parte alle 8.   *Question:* A che ora parte il treno?
                          Answer: Alle otto.

1 L'áutobus parte alle 6.
2 L'aéreo parte alle 7:30.
3 Il treno parte alle 22:30.
4 Il treno arriva alle 17:25.
5 L'áutobus arriva alle 13:15.

CONVERSATION C

Alla stazione
At the station

Peter Taylor is at the Stazione Términi in Rome to meet his friend, Luisa, who has just arrived from Siena.

Peter	**Ciao Luisa, finalmente sei arrivata!** *Hello, Luisa, you've arrived at last!*
Luisa	**Scusa, Peter, ma il treno è partito in ritardo già da Siena.** *Sorry, Peter, but the train left late from Siena.*
Peter	**Non importa. Sei stanca adesso? A che ora sei partita da casa?** *It's all right. Are you tired? What time did you leave home?*
Luisa	**Sono partita da casa alle sei! Prima sono andata in bicicletta fino alla stazione e poi ho aspettato il treno per un'ora.** *I left at six! First I went by bike to the station and then I waited one hour for the train.*
Peter	**Allora, andiamo súbito a mangiare qualcosa. Ho già prenotato il ristorante.** *Then let's go and eat right away. I have already made a reservation at the restaurant.*
Luisa	**Beníssimo, grazie Peter. Hai avvisato la tua padrona di casa?** *Fine, thank you, Peter. Have you warned the landlady?*
Peter	**Certo. E ha già preparato la cámera per te.** *Yes. She has already got the room ready for you.*

22 Past participles

Prepar*ato*, vend*uto*, fin*ito*, (prepared, sold, finished) are the past participles of **preparare, véndere,** and **finire**. They are formed by removing **-are, -ere, -ire,** from the infinitive and adding **-ato, -uto, -ito.**

23 Perfect tense

When you want to talk about what you have already done, seen, etc., in Italian you use the perfect tense. This is formed as follows:

(a) for most verbs by using the present tense of **avere** (to have) and the past participle:

ho			
hai			
ha			
abbiamo	preparato	venduto	finito
avete			
hanno			

Examples:

Ieri Marco ha preparato il pranzo.
Yesterday Mark prepared lunch.
Ieri abbiamo venduto la casa.
Yesterday we sold the house.
Ieri ho finito alle 9.
Yesterday I finished at 9.

(b) by using the present tense of **éssere** (to be) followed by the past participle with *intransitive* verbs (i.e. verbs that have no direct object). These include the verbs of motion: "to go," "to arrive," "to leave" and of lack of motion, "staying," like **stare,*** **rimanere,** etc.:

	andare (to go)	cadere (to fall)	partire (to leave)
sono	andato, andata	caduto, caduta	partito, partita
sei	" "	" "	" "
è	" "	" "	" "
siamo	andati, andate	caduti, cadute	partiti, partite
siete	" "	" "	" "
sono	" "	" "	" "

Note that with these verbs the past participle must agree with the subject:

María è caduta.
   Mary (f.) has fallen.
Marco è caduto.
   Mark (m.) has fallen.
Gli studenti sono andati.
   The students (m. pl.) have gone.
Le ragazze sono state qui.
   The girls (f. pl.) have been [stayed] here.

* Note that **stare** and **éssere** are the same in the perfect tense: **sono stato/a** (I have been/stayed), etc.

Exercise 24

Answer the following questions on Conversation C:
   1 Dove è andato Peter?
   2 Perchè è arrivata in ritardo Luisa?
   3 Da dove è partita Luisa?
   4 Che cosa ha prenotato Peter?
   5 Che cosa ha preparato la padrona di casa?

Exercise 25

Change the following sentences using **ieri** *(yesterday) and the past tense:*

Example:
Luisa arriva alle tre.   Ieri Luisa è arrivata alle tre.

1 Mario arriva alle tre.
2 Il treno parte alle nove.
3 L'áutobus arriva in ritardo.
4 María parte con il treno.
5 I signori Bianchi arrívano alle due.
6 Le valigie cádono per terra.
7 La signorina va in mácchina.
8 Noi (*f.*) partiamo all'una.
9 Voi (*m.*) andate in treno?
10 I viaggiatori vanno a préndere il taxi.

Exercise 26

Change these sentences using **un'ora fa** *(an hour ago) and the perfect tense of the verbs:*

Examples:
Preparo la cámera.   *Un'ora fa ho preparato* la cámera.
Sentiamo la radio.   *Un 'ora fa abbiamo sentito* la radio.

1 Guido la mácchina.
2 Mangio il pranzo.
3 María prepara la colazione.
4 Vendiamo la nostra mácchina.
5 Cómprano i biglietti.
6 I passeggeri guárdano l'orario.
7 Senti questo rumore?
8 Finiamo il pranzo.
9 Prenotiamo il ristorante.
10 Pórtano le valigie sul treno.

BY PLANE AND CAR

CONVERSATION D

Un viaggio d'affari
A business trip

Francesca (F) has come back from a business trip to Sardinia and tells her husband Marino (M) what she has done and seen there.

F   **Ciao Marino, finalmente sono arrivata.**
Hello, Marino, I've arrived at last.

M   **Ciao. Com'è andato il volo?**
Hello. How was the flight?

F   **Bene. Ma l'aéreo ha fatto scalo ad Alghero e il volo è durato tre ore.**
Fine, but the plane stopped in Alghero and the flight lasted three hours.

M   **Sei stata sempre a Cágliari?**
Did you stay in Cagliari all the time?

F   **No, ho preso una mácchina a noleggio e sono andata anche a Nuoro per due giorni.**
No, I rented a car and went to Nuoro as well for two days.

M   **Ci sono stato anch'io. È bella vero?**
I've been there too. It's beautiful, isn't it?

F   **Sì, molto, ma non ho avuto molto tempe per vedere la città.**
Yes, very. But I didn't have much time to see the town.

M   **Hai firmato quel famoso contratto per il nuovo albergo?**
Did you sign that famous contract for the new hotel?

F   **Sì, ho deciso di accettare la loro offerta. E ho anche visto il nuovo direttore.**
Yes, I decided to accept their offer. I saw the new manager too.

M Bene. Hai fatto molto.
Good. You've done a lot.

F Eh sì, ma la próssima volta vorrei restare più a lungo. E tu, cos'hai fatto di bello?
Yes, but next time I'd like to stay longer. And what have you been doing?

M Anch'io ho lavorato molto. Ma, vedi, ho anche preparato il tuo piatto preferito per stasera.
I worked hard too. But, look, I've also prepared your favorite dish for tonight.

F Fantástico! Sei stato bravo.
Great! You've been really good.

24 Irregular verbs

Here are five verbs whose irregularities include the past participle (and, therefore, the perfect tense):

decídere:	deciso	ho deciso (I have decided, I decided)
éssere:	stato	sono stato, stat*a* (I have been)
fare:	fatto	ho fatto (I have done, I did)
préndere:	preso	ho preso (I have taken, I took)
vedere:	visto	ho visto (I have seen, I saw)

Both the following present tenses are irregular:

fare (to do, make)	andare (to go)
faccio	vado
fai	vai
fa	va
facciamo	andiamo
fate	andate
fanno	vanno

64

Exercise 27

You have just arrived from Sardinia and your host (O) asks you about your journey. Complete the dialogue using the clues given:

O   Buongiorno signor Taylor, ben arrivato. Com'è andato il viaggio?

You   (Very well, thank you. But my plane left late from Rome. So I arrived late in Cagliari.)

O   A che ora è partito da Roma?

You   (At 10:45, but I left home at 7 o'clock.)

O   Ha preso il taxi dall'aeroporto?

You   (No, I rented a car.)

O   C'è sempre molto tráffico, vero?

You   (Yes, but I decided to rent the car for one week.)

O   È un'óttima idea, così è più fácile visitare la città e i dintorni.

You   (I have not seen the center of Rome. I would like to go to all the famous places.)

Exercise 28

Rewrite Conversation D as a report of what Francesca did in Sardinia, beginning your report with the words Oggi Francesca è tornata …

Key Phrases & Vocabulary

Try and memorize these key phrases covering the
grammar and topics of this chapter:

Quel ragazzo ha preso l'áutobus.
A che ora parte il treno?
Parte alle diciannove.
Ieri sono andata in Sardegna.

You should be familiar with the words listed below, since
they've appeared in this chapter. Nevertheless, check
how well you've learned them by covering up one column
or the other and translating.

Vocabulary

aéreo (*m.*) [ah-éh-hreh-oh]	airplane
aeroporto (*m.*) [ah-eh-hroh-pohr-toh]	airport
affari (*m. pl.*) [af-fah-hree]	business
affollato [af-fohl-lah-toh]	crowded
albergo (*m.*) [ahl-behr-goh]	hotel
Alghero (*f.*) [ahl-geh-hroh]	Alghero
andare [ahn-dah-hreh]	to go
andata e ritorno (biglietto di) [ahn-dah-tah eh hree-tohr-noh]	round-trip (ticket)
arrivare [ahr-ree-vah-hreh]	to arrive
aspettare [ahs-peht-tah-hreh]	to wait for
áutobus (*m.*) [ów-toh-boos]	bus
automóbile (*f.*) [ow-toh-móh-bee-leh]	car
autostrada (*f.*) [ow-toh-strah-dah]	highway
avvisare [ahv-vee-zah-hreh]	to warn
bicicletta (*f.*) [bee-chee-kleht-tah]	bicycle
biglietto (*m.*) [bee-l'yeht-toh]	ticket
bravo [brah-voh]	good, clever
cadere [kah-deh-hreh]	to fall
Cágliari (*f.*) [káh-l'yah-hree]	Cagliari
cambiare [kahm-byah-hreh]	to change

caro [kah-hroh]	expensive
cartina, carta (f.) [kahr-tee-nah, kahr-tah]	map
chiesa (f.) [kieh-zah]	church
città (f.) [cheet-tàh]	town, city
ci vuole [chee-vwoh-leh]	it takes
comprare [kom-prah-hreh]	to buy
con [kon]	with
contratto (m.) [kon-traht-toh]	contract
corso (m.) [kohr-soh]	road, main street
costare [kos-tah-hreh]	to cost
decídere [deh-chée-deh-hreh]	to decide
di più [dee pyòo]	more
direttore (m.) [dee-hreht-toh-hreh]	director
diritto [dee-hreet-toh]	straight
distanza (f.) [dees-tahn-tzah]	distance
dunque [doon-qweh]	so, then
durata (f.) [doo-hrah-tah]	duration
éccola [éhk-koh-lah]	here she/it is
fácile [fáh-chee-leh]	easy, simple
fantástico [fahn-táhs-tee-koh]	fantastic
fare [fah-hreh]	to do, make
fermata (f.) [fehr-mah-tah]	stop
ferrovía (f.) [fehr-roh-vee-ah]	railroad
finalmente [fee-nahl-mehn-teh]	at last
finire [fee-nee-hreh]	to finish
fino a [fee-noh ah]	until
giornalaio (m.) [johr-nah-lay-oh]	newsstand
giusto [joos-toh]	right
gomma (f.) [gohm-mah]	tire
gratis [grah-tees]	free
guasto [gwahs-toh]	broken down, not working
guidare [gwee-dah-hreh]	to drive
idea (f.) [ee-deh-ah]	idea
imparare [im-pah-hrah-hreh]	to learn
informazione (f.) [in-fohr-mah-dzioh-neh]	information
in orario [in oh-hrah-hrioh]	on time
in ritardo [in hree-tahr-doh]	late

istituto (*m.*) [is-tee-too-toh]	institute, faculty
lezione (*f.*) [leh-dzioh-neh]	lesson
mezzanotte (*f.*) [mehdz-zah-noht-teh]	midnight
mezzo [mehdz-zoh]	half
mezzogiorno (*m.*) [mehdz-zoh-johr-noh]	noon
mille grazie [meel-leh grah-tzieh]	many thanks
minuto (*m.*) [mee-noo-toh]	minute
motocicletta (*f.*) [moh-toh-chee-kleht-tah]	motorcycle
museo (*m.*) [moo-zeh-oh]	museum
noleggio (*m.*) [noh-lehj-joh]	rent
obbligatorio [ohb-blee-gah-toh-hrioh]	compulsory
offerta (*f.*) [ohf-fehr-tah]	offer
ogni [oh-n'yee]	every
ora (*f.*) [oh-hrah]	hour
orario (*m.*) [oh-hrah-hrioh]	timetable
padrona (*f.*) [pah-droh-nah]	landlady
partire [pahr-tee-reh]	to leave
passare [pahs-sah-hreh]	to pass, spend, go by
passeggero (*m.*) [pahs-sehj-jeh-hroh]	passenger
per terra [pehr tehr-hrah]	on the floor
perchè [pehr-kèh]	why, because
piatto (*m.*) [piaht-toh]	dish, plate
più a lungo [pyóo ah loon-goh]	longer (time)
poi [poy]	then
politécnico (*m.*) [poh-lee-téhk-nee-koh]	polytechnic
portare [pohr-tah-hreh]	to carry
posto (*m.*) [pohs-toh]	seat, place
pranzo (*m.*) [prahn-tzoh]	lunch
preferito [preh-feh-hree-toh]	favorite
prenotare [preh-noh-tah-hreh]	to book, to reserve
preparare [preh-pah-hrah-hreh]	to prepare
proprio [proh-prioh]	really, quite
qual, quale [kwahl, kwah-leh]	which
qualche [kwal-keh]	some
qualcosa [kwahl-koh-zah]	something
qualsíasi [kwahl-sée-ah-see]	whatever, any
qualunque [kwahl-oon-kweh]	whatever, any

quando [kwahn-doh]	when
radio (*f.*) [hrah-dioh]	radio
riservato [hree-zehr-vah-toh]	reserved, booked
ritardo (*m.*) [hree-tahr-doh]	delay
ritornare/tornare [hree-tohr-nah-hreh]	to go/come back, return
salire [sah-lee-hreh]	to climb, go up
scéndere [shéhn-deh-reh]	to go down, to descend
scompartimento (*m.*) [skohm-pahr-tee-mehn-toh]	compartment
seduto [seh-doo-toh]	seated
semáforo (*m.*) [seh-máh-foh-hroh]	traffic lights
sempre [sehm-preh]	always
sgonfio [zgohn-fioh]	flat (tire)
sicuro [see-koo-hroh]	sure
soggiorno (*m.*) [sohj-johr-noh]	stay
sportello (*m.*) [spohr-tehl-loh]	door (of car, train)
stanco [stahn-koh]	tired
stasera [stah-zeh-hrah]	tonight
studiare [stoo-diah-hreh]	to study
tabaccaio (*m.*) [tah-bahk-kay-oh]	tobacconist
taxi (*m.*) [tahk-see]	taxi
tráffico (*m.*) [tráhf-fee-koh]	traffic
treno (*m.*) [treh-noh]	train
ufficio informazioni (*m.*) [oo-fee-choh in-fohr-mah-dzioh-nee]	information desk
università (*f.*) [oo-nee-vehr-see-tàh]	university
vagone (*m.*) [vah-goh-neh]	carriage
válido [váh-lee-doh]	valid
veloce [veh-loh-cheh]	fast
véndere [véhn-deh-hreh]	to sell
veramente [veh-hrah-mehn-teh]	really
vettura (*f.*) [veht-too-hrah]	carriage
via (*f.*) [vee-ah]	street
volo (*m.*) [voh-loh]	flight
volta (*f.*) [vohl-tah]	time
vorrei [vohr-reh-ee]	I would like

Chapter 4

In this chapter you will learn to book a room, ask about facilities, and talk to a real estate agent about buying property.

The grammar includes:
- modal verbs ("want," "must," "can ")
- verbs in -isco: **finire**, **pulire**, **capire**
- imperative
- date: year, months, days of the week
- numbers from 1,000 to 1,000,000,000
- irregular verbs: **venire** (to come), **tenere** (to keep), **dare** (to give), **stare** (to stay)

Looking for a Room

Conversation A

All'agenzia di soggiorno
At the travel agency

Rita is on vacation at Lake Garda and is looking for inexpensive accommodations. At the local travel agency she talks to Gianni:

Gianni   **Buongiorno signorina, desídera?**
      Good morning, may I help you?

Rita   **Vorrei restare a Garda per due settimane. Ci sono pensioni non troppo care?**
      I would like to stay in Garda for two weeks. Are there any inexpensive boarding houses?

Gianni	La pensione completa costa trentacinquemila lire al giorno come mínimo.
	Full board is 35,000 lire minimum.
Rita	Preferisco qualcosa di meno caro.
	I'd prefer something less expensive.
Gianni	Può andare in campeggio: cinquemila lire per notte più l'affitto della tenda.
	You can go to a campground: 5,000 lire a day plus the rental of the tent.
Rita	Ci sono anche cámere in case private?
	Are there rooms in private houses as well?
Gianni	Certo, ma deve fissare il prezzo con la padrona. Vuole guardare la lista?
	Yes, but you must arrange the price with the landlady. Do you want to see the list?
Rita	Grazie, volentieri. E qual è il prezzo di solito?
	Yes, I'd be pleased to. What's the price usually?
Gianni	Dalle diecimila alle quindicimila lire per notte.
	From 10 to 15 thousand lire a night.
Rita	Cosi è meglio per me. Grazie della lista. Arrivederci.
	That's better for me. Thank you for the list. Good-bye.

25 Modal verbs: "volere" (want), "potere" (can), "dovere" (must)

In Italian, as in English, modal verbs are used with the infinitive of the following verb:

vuole guardare	*you* (formal) *want to look at*
può andare	*you* (formal) *can go*
deve fissare	*you* (formal) *must arrange*

Present tense

Note that these verbs are irregular in the present:

volere	**potere**	**dovere**
voglio (I want)	**posso** (I can)	**devo** (I must)
vuoi	**puoi**	**devi**
vuole	**può**	**deve**
vogliamo	**possiamo**	**dobbiamo**
volete	**potete**	**dovete**
vógliono	**póssono**	**dévono**

Note also that, as in English, when you say what you want, it is more polite to say **vorrei** (I would like):

vorrei restare   *I would like to stay*

(For more information on this form of the verb, see Chapter 5.)

Exercise 29

Translate into Italian:

1 Rita wants to rent an apartment.
2 Can't I look at this list?
3 I would like to book a room.
4 We cannot pay much.
5 We must leave at 9.
6 Do you (*pl.*) want to go to a campground?
7 They can come today.
8 He must pay more.
9 Do you (*formal*) want to stay in a boardinghouse?
10 If I can, I want to stay in Venice for three days.

26 Verbs ending in "-isco"

There is a group of verbs ending in **-ire** that form the present tense by adding **-isc** in front of most of the endings:

finire (to finish)

fin*isco*
fin*isci*
fin*isce*
finiamo
finite
fin*iscono*

Other verbs like **finire** are:

preferire	**prefer*isco***	(I prefer)
pulire	**pul*isco***	(I clean)
capire	**cap*isco***	(I understand)

Exercise 30

Answer the following questions, addressed to you in the formal form, using **voglio, posso,** *or* **devo** *plus the infinitive and expression given:*

Example:

Quando deve partire? … adesso	*Devo* partire *adesso*.
Quando vuole andare? … all'una	*Voglio* andare *all'una*.

1 Quando deve andare? … più tardi
2 Dove deve aspettare? … alla stazione
3 Chi deve vedere? … la mia padrona di casa
4 Quando vuole venire? … alle tre
5 Dove vuole restare? … all'albergo
6 Chi vuole vedere? … i miei amici
7 Quando può venire? … a mezzogiorno
8 Dove può restare? … al campeggio
9 Chi può invitare? … una collega
10 Quando può pagare? … stasera

Buying Property

CONVERSATION B

All'agenzia immobiliare
Al the real estate agency

Hugh O'Sullivan wants to buy a small house in Umbria and is looking at various properties with signorina Dossi, the real estate agent:

Dossi   Ho preparato una lista di varie proprietà come vuole Lei.
I have prepared a list of various properties as you wanted.

Hugh   Guardi, io non posso spéndere più di ventidue mila dollari.
But you see, I cannot spend more than 22,000 dollars.

Dossi   Cioè più o meno quaranta milioni di lire. Per quel prezzo abbiamo appartamenti non restaurati a Gubbio e anche qualche casetta fuori.
That is more or less 40 million lire. For that price we have unrestored apartments in Gubbio and also some small houses outside.

Hugh   Vorrei una casetta in campagna, ma le case quanto cóstano?
I'd like a small country house, but how much are they?

Dossi   Ci sono rústici per trentacinque milioni di lire, ma dévono éssere rimodernati.
There are farmhouses for 35 million lire, but they need modernizing.

Hugh   Capisco, ma ci sono l'acqua e la luce eléttrica?
I see, but is there water and electric light?

Dossi Sì. Prenda questi fogli con le fotografie e tutti i particolari delle case. Controlli dove sono sulla piantina e vada pure a vedere dal di fuori.
Yes. Take these papers with photos and all the details of the houses. Check where they are on the map and do go and see them from the outside.

Hugh Óttima idea. E se voglio visitare l'interno, teléfono.
Very good idea. And if I want to see the inside I will call.

Dossi Ma se vuole vedere diverse case, teléfoni al mattino, così ho più tempo.
But if you want to see several houses, call in the morning when I have more time.

Exercise 31

Read the dialogue carefully, then answer the following questions:

1 Che tipo di proprietà vuole il signor O'Sullivan?
2 Dove preferisce abitare?
3 Può trovare un appartamento a Gubbio per trenta milioni?
4 Il signor O'Sullivan può visitare l'interno delle case?
5 C'è l'acqua in questi rústici?

27 Imperative

When you want to ask or tell people to do something for you, you use the imperative. These are the familiar, formal, and plural forms of the imperative:

parlare	préndere	sentire	finire
(tu) parla!	prendi!	senti!	finisci!
(Lei) parli!	prenda!	senta!	finisca!
(noi) parliamo!	prendiamo!	sentiamo!	finiamo!
(voi) parlate!	prendete!	sentite!	finite!

Examples:

Carlo, parla piano!
Speak slowly, Charles. (fam.)
Signora Rossi, prenda questo posto!
Take this seat, Mrs Rossi. (form.)
Ragazzi, finite il cómpito!
Finish your homework, boys.
Entrate, signori!
Come in, gentlemen!
Parliamo italiano!
Let's talk Italian.

Note: if you want to ask a favor you use **un po'** or **per favore**, and if you want to encourage or allow someone to do something, you use **pure** after the imperative.

Posso fumare? Certo, fumi pure!
May I smoke? Yes, please do!
Ragazzi, venite un po' qui!
Do come here, boys.

But it is quite polite to use the imperative even without any of these expressions in Italian. In particular, the polite way of attracting someone's attention is to use **senta** (literally it means "hear!"):

to a stranger: **Senta, signora, sa dov'è la stazione?**
to a friend/child: **Senti, cosa fai oggi?**

Exercise 32

Reply using the formal form of the imperative:

Example:

Scusi, devo provare?   Sì, *provi* pure!

1 Scusi, devo scrívere?
2 Scusi, devo cominciare?
3 Scusi, devo finire?
4 Scusi, devo mangiare?
5 Scusi, devo pulire?
6 Scusi, devo chiúdere?
7 Scusi, devo servire?
8 Scusi, devo guardare?
9 Scusi, devo partire?
10 Scusi, devo entrare?

Exercise 33

Reply as in Exercise 32, but use the familiar form of the imperative:

Example:

Scusa, devo provare?   Sì, *prova* pure!

Exercise 34

Change the questions and answers in Exercise 32 into the plural:

Example:

Scusate, dobbiamo provare?   Sì, *provate* pure!

28 Negative imperative

If you want to tell people what not to do, you put **non** in front of the imperative in the formal or plural forms:

non entri!
non entrate!
non entriamo!

BUT in the familiar form you use **non** and the infinitive:

Carlo, entra! *but* **Carlo, non entrare!**

Exercise 35

Change all these sentences into the negative:

Example:

María, apri la porta! María, *non aprire* la porta!
Signora, apra la porta! Signora, *non apra* la porta!

  1 Signorina, chiuda la finestra per favore!
  2 Mario, porta la mia valigia per favore!
  3 Piero, guarda la televisione per favore!
  4 Signorina, prenda la chiave per favore!
  5 María, prendi la chiave per favore!
  6 Ragazzi, guardate questo salotto per favore!
  7 Ragazze, prendete questa strada per favore!
  8 Signor Rossi, guardi là per favore!
  9 Scendiamo insieme le scale!
 10 Sandro, prendi l'ombrello!

29 Irregular presents

venire (to come)	tenere (to keep)	dare (to give)	stare (to stay)
vengo	tengo	do	sto
vieni	tieni	dai	stai
viene	tiene	dà	sta
veniamo	teniamo	diamo	stiamo
venite	tenete	date	state
véngono	téngono	danno	stanno

Note that **stare** is used in many idiomatic expressions in Italian which in English would require a variety of other verbs. Examples:

Come sta? *How are you?*
stare tranquillo/calmo/ fermo *to keep quiet/calm/still*
stare bene/male *to feel well/unwell*
stare attento *to pay attention*

30 Irregular imperatives

Note that the **Lei** form of the imperative is obtained from the stem of the first person singular of the present (this applies to both regular and irregular verbs):

	Present	Imperative
parlare	parlo	parl*i*
sentire	sento	sent*a*
venire	vengo	veng*a*
tenere	tengo	teng*a*
andare	vado	vad*a*
fare	faccio	facci*a*

BUT the following verbs have irregular imperatives:

	éssere	avere	dare	stare
(tu)	sii	abbi	da'	sta'
(Lei)	sia	abbia	dia	stia
(noi)	siamo	abbiamo	diamo	stiamo
(voi)	siate	abbiate	date	state

Examples:

Sta' fermo!
Keep still!
Sia paziente!
Be patient!
Stia calma!
Keep calm!
Non abbia paura!
Don't be afraid!
Dia una bella mancia!
Give a good tip!
Siate gentili!
Be kind!

Exercise 36

Answer the following questions using the formal form as in the example:

Question: Vengo anch'io? *Answer:* Sì, certo, *venga* pure.

1 Vado anch'io?
2 Sto qui anch'io?
3 Faccio io?
4 Do anch'io i soldi?
5 Tengo il resto?
6 Vengo anch'io?
7 Finisco io?
8 Pulisco anche la cucina?
9 Bevo anch'io il vino?
10 Leggo anch'io la lista?

31 More numbers: 1,000 to 1,000,000,000

One American dollar is the equivalent of over 1,700 Italian lire, so when it comes to prices you are likely to talk in thousands and even millions of lire.

1,000	**mille**
1,350	**milletrecentocinquanta**
2,000	**duemila**
3,000	**tremila**
100,000	**centomila**
1,000,000	**un milione**
1,500,000	**un milione cinquecentomila**
2,000,000	**due milioni**
1,000,000,000	**un miliardo/un bilione**

Note: **mille** becomes **-mila** in the plural.

Note also that in Italian a written number has a period separating every thousand or multiple of thousand:

2.350.000 (two million three hundred and fifty thousand)

32 Days of the week, months, and date

Giorni della settimana	Days of the week
lunedì	Monday
martedì	Tuesday
mercoledì	Wednesday
giovedì	Thursday
venerdì	Friday
sábato	Saturday
doménica	Sunday

Mesi	Months
gennáio	January
febbráio	February
marzo	March
aprile	April
maggio	May
giugno	June
luglio	July
agosto	August
settembre	September
ottobre	October
novembre	November
dicembre	December

Note that days and months are written without a capital letter.

Date

When saying the date in Italian you use cardinal numbers (i.e. "two," "three," "four," etc., not "second," "third," "fourth") followed by the month and the year.

The year is read like any other number. A number such as 1500 will be read "one thousand five hundred" and not "fifteen hundred."

December 2, 1987 =
> **2 dicembre 1987**
> **(il due dicembre millenovecentoottantasette)**

BUT you use **primo** (first) for the first day of the month:

July 1, 1990 =
> **1 luglio 1990**
> **(il primo luglio millenovecentonovanta)**

When mentioning the year you use **nel:**

in 1900 = **nel 1900 (nel millenovecento)**

Exercise 37

Answer the following questions as in the example:

Example:
Che giorno è oggi? ... Wednesday.   Oggi è mercoledì.

1	Che giorno è oggi?	... Tuesday
2	Qual è la data?	... January 31, 1991
3	Quanto costa la Sua casa?	... 60,000,000
4	Quanto costa il rústico?	... 25,000,000
5	Quanto cóstano le cartoline?	... 2,000 lire
6	Quanti abitanti ha Verona?	... 300,000
7	Quando è finita la guerra?	... in 1945
8	Quando è nata (was born) Sofia Loren?	... in 1932
9	Quanto costa il biglietto?	... 15,670 lire
10	Quanto costa l'aéreo per Milano?	... 250,000 lire

ASKING FOR FACILITIES

CONVERSATION C

Al campeggio
At the campground

Tony and his friend have arrived at the Campeggio Miramare and talk to the owner, signora Calvi:

Tony　**Senta signora, c'è posto per la nostra roulotte qui?**
Excuse me, is there room for our trailer here?

Calvi　**Avete prenotato?**
Have you booked?

Tony   No, mi dispiace.
No, sorry.

Calvi   Beh, vediamo. Per quanti giorni e per quante persone?
Well, it depends. How many days and for how many people?

Tony   Siamo in due, e vorremmo restare almeno una settimana.
It's two of us and we'd like to stay at least a week.

Calvi   Per una settimana, fino al 6 agosto, va bene. Seimila lire per persona al giorno. Dovete anche pagare la tassa di soggiorno e i servizi sono extra.
For one week, until August 6, it is all right. 6,000 lire per person per day. You also have to pay tourist tax, and services are extra.

Tony   Possiamo vedere prima il posto?
Can we see the campground first?

Calvi   Certo. Andiamo! Vedete, queste sono le docce, qui c'è la cucina e la lavandería e questi sono i gabinetti.
Certainly. Let's go. These are the showers, here is the kitchen and the laundromat, and these are the toilets.

Tony   Scusi, non capisco che cos'è la lavandería.
Excuse me, but what is the "laundromat?"

Calvi   È il posto dove può lavare la Sua roba.
It is the place where you can do your laundry.

Tony   Ah, ho capito! E dove possiamo fare la spesa?
I see. Where can we do the shopping?

Calvi   Qui al campeggio c'è un supermercato e a Garda ci sono tutti i negozi.
There is a supermarket here on the site and in Garda there are all the stores.

Tony   Beníssimo. Allora lo prendiamo.
Excellent. We'll take it.

Exercise 38

Read Conversation C carefully, checking all new expressions, then try and answer these questions without looking at the text:

1 Che servizi ci sono al campeggio?
2 Tony e il suo amico hanno la tenda?
3 Hanno prenotato il posto prima?
4 Póssono fare la spesa al campeggio?
5 Dévono pagare extra per lavare la loro roba?
6 Quanto costa il campeggio per una settimana?

Exercise 39

Translate the following sentences:

1 They must book the room before August.
2 They didn't go to (in) Italy in 1989.
3 We prefer an apartment on the ground floor.
4 They want to buy a house in the country.
5 Can we look at the farmhouse next week?
6 The appointment is for next Friday at 3 P.M.
7 The real estate agent can arrange a visit in the morning.
8 I would like to come but today I must stay at home.
9 I am sorry but I want a room with a bathroom.
10 Don't buy (*formal*) this house, it is too far from the center.

KEY PHRASES & VOCABULARY

Vorrei venire ma non posso.
Signora, guardi un po' questo appartamento!
Il 6 agosto tutti dévono partire.
Tenga pure il resto!
La casa costa venticinque milioni.

Vocabulary

As you see, we have now dispensed with the "imitated pronunciation." You ought to know the rules, but if in doubt consult a good dictionary or listen to the tapes.

acqua (*f.*)	water
affittare	to rent
affitto (*m.*)	rent
anno (*m.*)	year
avere paura	to be afraid
balcone (*m.*)	balcony
campeggio (*m.*)	campground
capire	to understand
caro	expensive
casetta (*f.*)	small house, cottage
chiúdere	to close
cioè	that is (i.e.)
cómpito (*m.*)	homework
dare	to give
data (*f.*)	date
di fuori/fuori	outside
diverso	different
diversi (*pl.*)	several
doccia (*f.*)	shower
dovere	to have to, must
fissare	to arrange
foglio (*m.*)	sheet of paper
fumare	to smoke
gabinetto (*m.*)	bathroom, toilet
guardare	to look at
interno (*m.*)	inside

lavandería (f.)	laundromat
lista (f.)	list
luce (f.)	light
mancia (f.)	tip
mattino (m.)	morning
meno	less
mi dispiace	I am sorry
mínimo (m.)	minimum
nato	born
notte (f.)	night
oggi	today
paziente	patient
pensione completa (f.)	full board
piano	slowly
piantina (f.)	map
preferire	to prefer
prezzo (m.)	price
pulire	to clean
restaurare	to restore
rimodernare	to modernize
roulotte (f.)	trailer
rústico (m.)	farmhouse
salotto (m.)	lounge
scale (f. pl.)	stairs
scéndere	to go down
servire	to serve
servizi (m. pl.)	facilities
settimana (f.)	week
spesa (f.)	shopping
stare	to stay, to be
stare attento	to pay attention, to be careful
stare calmo	to keep calm
tardi	late
tassa di soggiorno (f.)	tourist tax
tenda (f.)	tent
tenere	to keep
troppo	too, too much
venire	to come
volentieri	willingly
volere	to want, wish
vorremmo	we would like

Chapter 5

In this chapter you will learn how to order a drink and a meal, accept or refuse offers of drink and food, and invite others for drinks and meals.

The grammar will include:
- conditional (I should ...)
- personal object pronouns (me, you, us, etc.)
- imperatives with pronouns
- likes and dislikes: **mi piace/non mi piace**
- irregular verbs: **bere, cuócere, dire, sapere**
- difference between **sapere** and **potere**
- use of **da**

BUYING A DRINK

CONVERSATION A

Al bar dell'albergo
At the hotel bar

Bill White is having a drink at the bar with Nina Fazzini, another guest at the hotel:

Bill **Che cosa prende da bere?**
What would you like to drink?

Nina **Io prenderei un aperitivo analcólico, e Lei?**
I'll have a nonalcoholic aperitif, and you?

Bill Io prendo un Martini.
I'll have a Martini.

Nina Se permette, oggi offro io.
Allow me, today it's my turn.

Bill Ma no, mi ha già invitato ieri.
Thank you, but you treated me yesterday.

Nina Si figuri. Il Martini, lo preferisce secco o rosso?
Don't mention it. Do you prefer your Martini sweet or dry?

Bill Rosso, grazie.
Sweet, please.

Nina Éccoli. Salute!
Here they are. Cheers!

Bill Salute! Allora Le posso offrire una tartina?
Cheers! May I offer you a canapé?

Nina Grazie, la prendo proprio volentieri.
Thank you, I'd love to try one.

Bill Sì, le fanno buone, qui.
Yes, they make good canapés here.

Nina È la loro specialità.
It is their specialty.

Bill Ne prendiamo un'altra?
Should we have another?

Nina Sì grazie. E un altro aperitivo?
Yes, please. And another aperitif?

Exercise 40

*Read Conversation A carefully, then answer these questions using **lo**, **la**, or **le** followed by the verb:*

Examples:

La signora Fazzini prende *un Martini?*
    No, non *lo* prende.
A chi offre *la tartina* la signora Fazzini?
    La offre al signor White.

1   Il signor White prende un aperitivo analcólico?
2   Chi offre l'aperitivo?
3   Chi offre la tartina?
4   Il signor White prende un Martini?
5   Nina e Bill mángiano le tartine?

33 Object pronouns

Object pronouns (like "me," "to me," etc.) are used more often in Italian than in English, so it is important for you to learn to recognize them when others use them. But it is also necessary to try and use them yourself.

Take, for example, the question, "Do you know this lady?" In English you'd reply, "Yes, I do," "No, I don't." But the modal verb "do" does not exist in Italian, so the polite way to answer would be to repeat the verb, in which case you must also use the pronoun:

Conosce la signora? No, non la conosco.
                                   Sì, la conosco.

These pronouns in Italian go *before* the verb, except with an infinitive and some forms of the imperative, as you will see later on in this chapter.

In case you think that using personal object pronouns (like the one above) may sound impolite, please remember that this is not the case in Italian. In fact, it is quite the opposite.

Direct pronouns		Indirect pronouns	
me	mi	mi	to me
you *(fam.)*	ti	ti	to you *(fam.)*
him, it *(m)*	lo	gli	to him
her, it *(f)*	la	le	to her
you *(form.)*	*La	*Le	to you *(form.)*
us	ci	ci	to us
you *(pl)*	vi	i	to you *(pl)*
them *(m)*	li	**gli/(loro)	to them
them *(f)*	le		

* As with **Lei, Suo, Sua**, etc., it is customary to use a capital letter for **La** and **Le** in the formal form.

** Note that the indirect pronoun **gli** has now taken the place of **loro** in everyday speech.

Note that **mi** and **ti, ci**, and **vi** are used as both direct and indirect object pronouns:

he sees *me*   **mi vede** and: he speaks *to me*   **mi parla**
he sees *you (pl)* **vi vede** and: he speaks *to you (pl)* **vi parla**

BUT in the third person you have different pronouns:

he sees *him*   **lo vede** but: he speaks *to him*   **gli parla**
he sees *her*   **la vede** but: he speaks *to her*   **le parla**
he sees *you*   **la vede** but: he speaks *to you*   **Le parla**
he sees *them (m.)* **li vede** but: he speaks *to them* **gli parla**
he sees *them (f.)* **le vede**   *(m. & f.)* **(parla loro)**

Exercise 41

Answer these questions using the direct object pronouns
lo, la, li, le:

Examples:

Prende spesso l'aperitivo?   Sì, *lo* prendo tutti i giorni.
Beve spesso la birra?   Sì, *la* bevo tutti i giorni.

1 Guarda spesso la televisione?
2 Compra spesso le patate?
3 Invita spesso i Suoi amici?
4 Beve spesso il caffè?
5 Prende spesso il treno?
6 Porta spesso la cravatta?
7 Mangia spesso le tartine?
8 Beve spesso vini francesi?
9 Non beve vini italiani?
10 Invita spesso la Sua vicina?

Exercise 42

Answer these questions using the indirect object pronouns
gli, le:

Examples:

Quando parla a María?   *Le* parlo adesso.
Quando parla a Giovanni?   *Gli* parlo adesso.

1 Quando parla a Sua moglie?
2 Quando parla al direttore?
3 Quando teléfona a Giuseppe?
4 Quando risponde a Laura?
5 Quando scrive agli studenti?
6 Quando scrive alle ragazze?
7 Quando risponde a Giuseppe e María?
8 Quando teléfona al padrone di casa?
9 Quando parla ai signori Bianchi?
10 Quando scrive alla signora Rossi?

Exercise 43

Replace the words underlined with suitable direct or indirect object pronouns:

Example:

Il padre guarda <u>la televisione</u>.   Il padre *la* guarda.
Non parlo <u>a Giovanni.</u>   Non *gli* parlo.

1 Anna dà il número <u>a María.</u>
2 Non sento <u>il rumore</u>.
3 Il signor Forti legge <u>la lista</u>.
4 La signora prende <u>le olive</u>.
5 Compriamo <u>i biglietti</u> qui.
6 Offro l'aperitivo ai <u>signori Danzi</u>.
7 Teléfono al <u>mio ragazzo</u>.
8 Scrivete a <u>vostra madre</u>?
9 Che cosa portate <u>a vostro fratello</u>?
10 Il signor Rossi non lascia <u>la mancia</u>.

CONVERSATION B

In ostería
At the tavern

Tony and his friend Jeff have been invited by some Italian people to join them at their local tavern. Tony talks to María, one member of the group.

María **Allora Tony cosa prendi?**
What will you have, Tony?

Tony **Io vorrei un espresso e Jeff dice che lascia fare a te.**
I'd like an espresso [coffee] and Jeff says that it's up to you.

María **Guarda che questa è un'osteria, dove si beve soprattutto vino. Non è un posto per turisti!**
This is [like] a tavern, mind you, where people drink mainly wine. It is not a tourist place.

Tony **Beníssimo, allora un bicchiere di bianco per Jeff e un caffè per me, se fanno il caffè.**
Fine, a glass of white wine for Jeff and a coffee for me, if they have coffee.

María **Sì, sì il caffè c'è, ma perchè non lo prendi anche tu corretto, come me?**
Yes, there is coffee, but why don't you have it with a shot of spirits like me?

Tony **Perchè no, ma perméttimi di pagare, oggi.**
Why not, but allow me to pay today.

María **Ma no, figúrati!**
No, no, I wouldn't hear of it.

Tony **No, no, insisto, oggi tocca a me!**
No, I insist, today it is my turn.

María **Come vuoi, e grazie. Salute!**
As you wish, thank you. Cheers!

Tony **Salute!**
Cheers!

Exercise 44

*Read the conversation carefully, checking all new expressions,
then answer these questions:*

1 Che cosa beve María?
2 Tony beve il vino?
3 Che cos'è un'ostería?
4 Chi offre da bere oggi?
5 Chi beve vino bianco?

---

34 Conditional

In Italian, as in English, the conditional is used when we
want to say what we *would do*. It is formed by adding the
following endings to the infinitive:

-i
-sti
-bbe
-mmo
-ste
-bbero

Note that **-are** verbs change the **-a** into **-e:**

parlare	préndere	dormire
parlerei	prenderei	dormirei
parleresti	prenderesti	dormiresti
parlerebbe	prenderebbe	dormirebbe
parleremmo	prenderemmo	dormiremmo
parlereste	prendereste	dormireste
parlerébbero	prenderébbero	dormirébbero

Note also that the endings of the conditional are always
regular, but the stem of some irregular verbs contracts:

avere:	avrei
éssere:	sarei
vedere:	vedrei

venire:	verrei
volere:	vorrei
dovere:	dovrei
potere:	potrei
bere:	berrei
tenere:	terrei
andare:	andrei

Examples:

I would come with pleasure. **Verrei volentieri.**
They could stay here. **Potrébbero stare qui.**
Would you go alone? **Andresti da solo?**

Exercise 45

Answer the following questions addressed to you, changing the present tense to the conditional and using the expression given:

Examples:

Volete andare in treno?   Sì, ... ma costa troppo.
Sì, *vorremmo andare* ma costa troppo.

Vuole andare in treno?   Sì, ... ma costa troppo.
Sì, *vorrei andare ma costa troppo.*

1 Dovete partire oggi?	Sì, ... ma abbiamo cambiato idea.
2 Deve andare a visitare la casa?	Sì, ... ma non ho la mácchina.
3 Può venire oggi?	Si, ... ma più tardi.
4 Potete accompagnarlo?	Sì, ... in mácchina.
5 Vuole telefonare?	Sì, ... ma non ho la moneta.
6 Volete viaggiare in aéreo?	Sì, ... ma non da soli.
7 Vuole un aperitivo?	No, ... un cappuccino.
8 Volete mangiare adesso?	No, ... alle due.
9 Può venire in mácchina?	No, ... in bicicletta.
10 Dovete restare in albergo?	Sì, ... per la cena.

35 Imperative with object pronouns

Direct and indirect object pronouns always come *after* the imperative, infinitive, and **ecco** and are attached to them as one word. The stress does not alter. The infinitive loses its final **e**:

permettétemi!	allow me! *(pl.)*
préndilo!	take it! *(fam.)*
non prénderlo	don't take it! *(fam.)*
potete accompagnarlo?	can you accompany him?
éccoli	here they are
dimmi la verità	tell me the truth *(fam.)*

Note that in the formal form of the imperative the object pronouns go before the verb*:

mi scusi!	excuse me! *(form.)*
non lo prenda!	don't take it! *(form.)*

* This is because the **Lei** form of the imperative is in fact borrowed from the present subjunctive. And with this, as with all other *finite* tenses, the object pronouns go before the verb.

Note also that when **da', di', fa', sta'** are followed by object pronouns, these pronouns take a double consonant: **dammi** (give me), **dillo** (say it), **falle** (do them), etc.

Exercise 46

*Answer the questions with the formal form of the imperative and the appropriate object pronoun **lo**, **la**, **li**, **le**, **gli**:*

Example:

Che ne pensa, compro la casa?   Sì, la compri!

1 Che ne pensa, compro il rústico?
2 Che ne pensa, mangio la minestra?
3 Che ne pensa, parlo alla signorina?
4 Che ne pensa, vendo gli appartamenti?
5 Che ne pensa, prenoto le cámere?
6 Che ne pensa, faccio la fotografia?
7 Che ne pensa, do la mancia?
8 Che ne pensa, porto i bambini?
9 Che ne pensa, teléfono al signor Bianchi?
10 Che ne pensa, prendo l'arrosto?

Exercise 47

Reply as in Exercise 46, but this time imagine that the conversation takes place between two friends. Use the familiar form of the imperative and practice saying "yes" and "no":

Example:

Che ne pensi, compro la casa?   Sì, *cómprala!*
                                       No, *non comprarla!*

36 Irregular verbs: "bere," "dire," "sapere"

Notice how irregular these three verbs are in the present tense:

bere (to drink)	**dire** (to say)	**sapere** (to know)
bevo	dico	so
bevi	dici	sai
beve	dice	sa
beviamo	diciamo	sappiamo
bevete	dite	sapete
bévono	dícono	sanno

37 Irregular past participles: "bere," "cuócere," "dire"

	Past participle	
bere	**bevuto**	(drunk)
cuócere	**cotto**	(cooked)
dire	**detto**	(said, told)

38 Use of "sapere" and "potere"

Sapere means that you have acquired a certain skill or knowledge:

So nuotare.
I can swim (I know how to swim).
So parlare italiano.
I can speak Italian (I have learned to speak it).
Non so léggere.
I cannot read (I never learned to read).

but:

Non posso nuotare se il mare è mosso.
   I cannot swim if the sea is rough.
Non posso léggere se non ho gli occhiali.
   I cannot read if I don't have my glasses.

Exercise 48

Fill the spaces with the correct form of **sapere** *or* **potere** *in the present tense.*

Example:

Non abbiamo la mácchina e non ... venire.
   Non abbiamo la mácchina e non possiamo venire.

1   È troppo stanco, non ... giocare a tennis.
2   Studio l'italiano e lo ... capire abbastanza bene.
3   Prendi lezioni di piano e non ... suonare?
4   Vorrei andare al nuovo ristorante ma non ... dov'è.
5   Il bar è chiuso, [noi] non ... préndere la bíbita.
6   Mio marito ... cucinare bene.
7   Pierino è piccolo e non ... ancora scrívere.
8   Scusi, [io] ... usare il teléfono?
9   Oggi i ragazzi non ... nuotare.
10   È pericoloso andare in mácchina con Mario: non ... guidare.

LIKES AND DISLIKES

39 Mi piace / Non mi piace

To say that you like something in Italian you use the verb
piacere. This verb has a different construction than the
English. Perhaps it might help you learn it if you remember
that literally **mi piace** means "it is pleasing to me." It is
always used with an indirect object pronoun:

mi
ti
gli
Le   }   **piace/piácciono**
ci
vi
gli

You use **piace** when it is followed by an infinitive or by a
word in the singular:

Le piace l'italiano?
   Do you (form.) *like Italian?*
Le piace nuotare?
   Do you (form.) *like swimming?*
   [lit. *Does swimming please you?*]

and **piácciono** when the following word is plural:

Mi piácciono gli spaghetti al dente!
   I like spaghetti slightly undercooked.

Exercise 49

Answer the following questions using **mi piace** *or*
mi piácciono:

Example:

Le piace quella casa?	Sì, mi piacemoltíssimo.
Le piácciono quegli appartamenti?	Sì, mi piácciono moltíssimo.

1 Le piace quel ristorante?
2 Le piácciono le lasagne al forno?
3 Le piace viaggiare?
4 Le piace il vitello?
5 Le piácciono gli zucchini?

and now answer saying what you don't like:

Example:

Le piace questa casa?	No, non mi piace.
Le piácciono quei rústici?	No, non mi piácciono.

6 Le piácciono i rumori?
7 Le piace fare niente?
8 Le piácciono le zanzare?
9 Le piace aspettare?
10 Le piácciono le persone noiose?

ORDERING A MEAL

CONVERSATION C

Da Mamma Rosa
At Mamma Rosa's

Luigi has invited three American friends out for a meal at Mamma Rosa's, a small trattoría in Trastevere, to celebrate his birthday. He is met by the owner:

Rosa   **Buongiorno, signore. Ha prenotato?**
Good morning, sir. Have you made a reservation?

Luigi   **Sì, ho prenotato per quattro.**
Yes, I booked for four.

Rosa   **Prego, accomodátevi qui. Le dico cosa abbiamo oggi, così potete decídere. Volete cominciare tutti con l'antipasto o no?**
Please take a seat here. I'll tell you what we have today and then you can decide. Do you all want to start with hors d'oeuvre?

Luigi   **Sì, un bell'antipasto misto per tre, ma il mio amico è vegetariano, cosa ci sarebbe per lui?**
Yes, we do, a mixed hors d'oeuvre for three, but my friend is a vegetarian, what could he have?

Rosa   **Abbiamo insalata russa e mozzarella con pomodoro. Va bene?**
We have Russian salad and mozzarella with tomatoes. Is that all right?

Luigi   **Beníssimo. E per primo?**
Fine. And for the first course?

Rosa   **Ci sono ravioli di ricotta e spinaci, spaghetti all' Amatriciana e gnocchi alla Romana.**
There are ravioli with ricotta and spinach, spaghetti with Amatriciana sauce, and gnocchi.

Luigi	**Gnocchi per due, un piatto di spaghetti per me e i ravioli per la signora, per favore.**
	Gnocchi for two, spaghetti for me, and ravioli for the lady.
Rosa	**E per secondo? Abbiamo trota alla griglia, braciole di maiale e cotolette alla milanese.**
	And for the main course? We have grilled trout, pork chops, and veal cutlets.
Luigi	**Prendiamo tutti e tre le cotolette, ma è possíbile avere un piatto di verdura per il mio amico?**
	We'll have cutlets for three, but is it possible to have a vegetable dish for my friend?
Rosa	**Certo, posso portargli i finocchi al forno, e una bella scelta di altre verdure fresche. E voi cosa prendete di contorno?**
	Certainly, I can give him baked fennel and a choice of other fresh vegetables. And what will you have as vegetables?
Luigi	**Per noi insalata mista e patate fritte.**
	Mixed salad and french fries for us.
Rosa	**E da bere?**
	And to drink?
Luigi	**Acqua minerale frizzante e una caraffa di vino rosso della casa.**
	Sparkling mineral water and a carafe of red house wine.

Exercise 50

Read Conversation C very carefully, then try and answer these questions using object pronouns where possible:

1 Chi vorrebbe solo un piatto di verdura per secondo? E perchè?
2 Che cosa c'è di contorno da Mamma Rosa oggi?
3 Préndono tutti i ravioli per primo?
4 Luigi órdina il vino bianco?
5 C'è solo carne per secondo?
6 Quante persone mángiano l'insalata?

40 The preposition "da"

When you want to talk about going to or staying at somebody's house, office, etc., in Italian you use **da** followed by the person's name or occupation:

Oggi vado dal dentista.
> *Today I am going to the dentist.*

Ieri sono stata da María.
> *Yesterday I stayed at Maria's.*

Compro la verdura dal fruttivéndolo.
> *I buy vegetables at the greengrocer's.*

Da is also used (like "for" in English) to describe a continuous period of time. Examples:

Da quanto tempo ábita a Minneapolis?
> *How long have you lived in Minneapolis?*

Abito a Minneapolis da tre anni.
> *I have lived in Minneapolis for three years.*

Studio l'italiano da due mesi.
> *I have been studying Italian for two months.*

Note that in these expressions in Italian you must use the present tense, whereas in English the perfect tense is used.

Exercise 51

Translate the following sentences:

1 We don't like to travel by train.
2 Do you *(form.)* like french fries?
3 Please give *(form.)* this key to signora Rossi.
4 Would you *(fam.)* go by yourself?
5 Mary, don't take *(fam.)* my car, take yours.
6 We have given him all the necessary information.
7 Can I offer you *(pl)* something to drink?
8 How long have you *(pl)* been studying Italian?
9 They would buy the apartment, but it costs
   50 million (lire).
10 We went to Tony's for lunch.

KEY PHRASES & VOCABULARY

Le posso offrire qualcosa?
Mi porti un antipasto misto.
María, pórtagli gli spaghetti!
Non so nuotare.
Mi piacerebbe avere una casa in Italia.

Vocabulary

accomodátevi	make yourselves comfortable, sit down
acqua minerale (*f.*)	mineral water
aglio (*m.*)	garlic
agnello (*m.*)	lamb
al dente	slightly undercooked (pasta or rice)
al forno	baked
analcólico	nonalcoholic
antipasto (*m.*)	hors d'oeuvre
antipasto misto (*m.*)	hors d'oeuvre of cooked meat (salami, ham, etc.)
aperitivo (*m.*)	aperitif
arrosto (*m.*)	roast
bere	to drink
bianco	white
bíbita (*f.*)	soft drink
bicchiere (*m.*)	glass
bistecca (*f.*)	steak
braciola (*f.*)	chop
caffè (*m.*)	coffee
caffè corretto (*m.*)	coffee with a dash of spirits
caraffa (*f.*)	carafe
carne (*f.*)	meat
cena (*f.*)	dinner, supper
cenare	to dine
chiuso	closed

contorno (*m.*)	side dish
cotoletta (*f.*)	veal cutlet
cotoletta alla milanese	veal cutlet coated in breadcrumbs
cuócere	to cook
cotto	cooked
cravatta (*f.*)	tie
cucinare	to cook
da solo	alone
dentista (*m.& f.*)	dentist
dire	to say
espresso (*m.*)	espresso (coffee)
figúrati (*fam.*) (si figuri *form.*)	you are welcome
finocchio (*m.*)	fennel
forno (*m.*)	oven
fresco	fresh
frizzante	fizzy, sparkling
fruttivéndolo (*m.*)	produce market
giocare	to play (a game)
gnocchi (*m. pl.*)	potato dumplings
gnocchi alla romana (*m. pl.*)	semolina dumplings, baked in the oven
griglia (*f.*)	grill
insalata (*f.*)	salad
insístere	to insist
lasagne (*f. pl.*)	lasagna
lasciare	to leave
maiale (*m.*)	pig, pork
mancia (*f.*)	tip
manzo (*m.*)	beef
mare (*m.*)	sea
minerale	mineral
minestra (*f.*)	soup
mi piace/piácciono	I like
moneta (*f.*)	loose change, coins
mosso	rough (sea)
noioso	boring
nuotare	to swim
occhiali (*m. pl.*)	spectacles

oliva (*f.*)	olive
ostería (*f.*)	tavern
patata (*f.*)	potato
patate fritte (*f. pl.*)	french fries
perméttere	to allow
pesce (*m.*)	fish
piano, pianoforte (*m.*)	piano
pisello (*m.*)	pea
pomodoro (*m.*)	tomato
pranzo (*m.*)	lunch
primo (piatto) (*m.*)	first course
ravioli (*m. pl.*)	ravioli
ricotta (*f.*)	type of cheese like cottage cheese
rispóndere	to reply
rosso	red
russo	Russian
salute!	cheers!
sapere	to know how
scelta (*f.*)	choice
se	if
secco	dry
secondo (piatto) (*m.*)	main (second) course
soprattutto	mainly
spaghetti (*m. pl.*)	spaghetti
specialità (*f.*)	specialty
suonare	to play (an instrument)
tartina (*f.*)	canapé, small snack
telefonare	to phone
tocca a me	it is my turn
trota (*f.*)	trout
vegetariano	vegetarian
verdura (*f.*)	vegetable(s)
viaggiare	to travel
vitello (*m.*)	veal
zanzara (*f.*)	mosquito
zucchino (*m.*)	zucchini

Chapter 6

In this chapter you will learn to buy food, clothes, and presents,
change money, ask for your size, and complain about and
return purchases.

The grammar will include:
- double pronouns
- agreement of perfect tense with pronouns
- the direct object pronoun **ne**
- irregular verbs: **aprire, chiúdere, chiédere, méttere,
scrívere, pérdere, offrire**
- ordinal numbers

SHOPPING

CONVERSATION A

Dal droghiere
At the grocery store

**Luisa is doing her daily shopping at the local grocery store,
run by Dino.**

Dino **Buongiorno signorina, desídera?**
      Good morning, may I help you?

Luisa **Vorrei due etti di prosciutto crudo e un bel
       pezzo di parmigiano.**
       *I'd like 200 grams of Parma ham and a large piece of
       Parmesan.*

Dino Il prosciutto è un po' di più, lascio così? E di parmigiano quanto ne vuole?
The ham is a bit over. Shall I leave it? And how much Parmesan would you like?

Luisa Me ne día tre, quattro etti. Ma parmigiano reggiano, mi raccomando!
Give me three or four hundred grams. But I want the best Parmesan [from Reggio], mmd!

Dino Certo, lo assaggi un po'. Buono eh! E desídera altro?
Certainly, try it. Isn't it good? Anything else?

Luisa Ha la mozzarella?
Do you have any mozzarella?

Dino Sì, ce l'ho di búfala e di mucca.
Yes, I have mozzarella from buffalo's and cow's milk.

Luisa Bene, ne prendo due di búfala.
Good, I'll take two buffalo ones.

Dino Éccole. Basta così?
Here they are. Is that all?

Luisa Sì, per oggi si, quant'è?
Yes, for today. How much is it?

Dino Trentasettemila lire in tutto.
37,000 lire altogether.

Exercise 52

Read Conversation A carefully, then answer the following questions:

1 Dove fa la spesa Luisa?
2 Quanto prosciutto compra?
3 Che parmigiano preferisce?
4 Quante mozzarelle compra?
5 Quanto spende in tutto?

41 The pronoun "ne"

Ne means

(a) "of it" or "of them":

Quanto pane vuole? *Ne* **voglio un chilo.**
How much bread do you want? I want one kilo [of it].
Quanti amici americani ha? *Ne* **ho molti.**
How many American friends do you have? I have many
[of them].
Quante pastine desídera? *Ne* **vorrei tre.**
How many little cakes do you want? I'd like three [of them].

Note that **ne** must not be omitted in Italian, while "of it" and "of them" are usually omitted in English.

(b) "some" or "any" when they are not followed by a noun:

Ha degli amici? Sì, ne ho.
Do you have any friends? Yes, I have some.
Ha del vino? No, non ne ho.
Do you have any wine? No, I don't have any.

(c) "about it," "about them":

Chi parla di política? Tuffi ne párlano.
Who's talking about politics? Everyone's talking about it.

Exercise 53

*Answer these questions using **ne** and the expression given:*

Examples:

Quanti francobolli vuole?	... 4	*Ne* vorrei quattro.
Quanti fratelli ha?	... 1	*Ne* ho uno.

1	Quanto olio vuole?	... un litro.
2	Quanto pane vuole?	... un chilo e mezzo.
3	Quante mozzarelle vuole?	... una sola.
4	Quanto salame vuole?	... 2 etti.
5	Quante arance vuole?	... 2 chili.
6	Quante mácchine ha?	... 1
7	Quanti figli ha?	... 4
8	Quante scarpe ha?	Non ... molte.
9	Quanti soldi ha?	... pochi.
10	Quanto tempo ha?	Non ...

42 Direct object pronouns with perfect tense

When you use direct object pronouns (NOT indirect) with the perfect tense, the past participle must agree (i.e. its ending changes in the same way as when it is used with **éssere**):

l'ho visto	I have seen him
l'ho vista	I have seen her
li ho visti	I have seen them (men or men and women)
le ho viste	I have seen them (women)
mi hai visto	you saw me (a man is talking)
mi hai vista	you saw me (a woman is talking)
vi ho visti	I saw you (several men and women or all men)
vi ho viste	I saw you (women)

Note that **li** and **le**, being plural, do not take the apostrophe.

Exercise 54

*Answer the questions using **lo**, **la**, **li**, or **le** and changing the ending of the past participles if necessary:*

Examples:

Ha invitato María?	Sì, l'*ho* invitat*a*.
Avete comprato le pesche?	Sì, *le* abbiamo comprat*e*.

1 Ha invitato tutti gli amici?
2 Ha visitato la gallería?
3 Ha visitato il museo?
4 Ha portato i panini?
5 Ha mangiato le paste?
6 Avete invitato vostra suócera?
7 Avete guardato il catálogo?
8 Avete comprato le riviste?
9 Avete preso la mancia?
10 Avete visto Giovanni?

ITALIAN SIZES

CONVERSATION B

Alla Standa
At Standa

Luisa is buying some presents for her American friends at Standa (a department store) and asks the salesperson, Carlo, for help with sizes:

Luisa **Vorrei un maglione di lana blù come questo, ma non sono sicura della misura.**
I'd like a blue woolen sweater like this one. But I am not sure about the size.

Carlo **È per Lei, signorina?**
Is it for you?

Luisa **No, per un'amica americana. Porta il dieci negli Stati Uniti.**
No, for an American friend. She takes a 10 in the United States.

Carlo **Attenda un áttimo che controllo. Dunque, il dieci corrisponde al quarantasei in Italia.**
Wait a minute while I check. Right, size 10 is the equivalent of a size 46 in Italy.

Luisa **Grazie, allora glielo prendo e, scusi, dove sono le pantófole?**
Thank you, I'll take it. Where are the slippers, please?

Carlo **Da uomo o da donna?**
Men's or women's?

Luisa **Da uomo.**
Men's.

Carlo **Il reparto calzature da uomo è al terzo piano. Sono anche queste per gli amici americani?**
The men's shoe department is on the 3rd floor. Are these for your American friends, too?

Luisa **Sì, infatti le vorrei chiédere se sa anche le misure delle scarpe.**
Yes, in fact I'd like to ask you if you know about shoe sizes as well.

Carlo **Sì, ce le ho qui. Il trentotto italiano è l'equivalente del otto americano.**
Yes, I have them here. The Italian 38 is the same as an American 8.

Luisa **Il mio amico porta l'otto americano.**
My friend takes an American 8.

Carlo **Allora chieda il trentotto.**
Then ask for a 38.

Luisa **Mille grazie.**
Many thanks.

Exercise 55

*Read Conversation B carefully, then answer these questions using
complete sentences:*

1 Che misura vuole Luisa per il maglione?
2 Di che colore lo preferisce?
3 A che piano sono le calzature da uomo?
4 Che misura di scarpe porta l'amico inglese?
5 Per chi compra i regali Luisa?

43 Double pronouns

Very often in Italian you will find two pronouns together
before a verb where in English one would be enough:

Glielo prendo.	*I take it (for him).*
Me le mostra?	*Will you show (them to) me?*
Ce l'ho.	*I have it.*

Note that the direct object pronoun (**lo**, **la**, **li**, **le**, and **ne**)
always follows the indirect one. The indirect object pronouns
also change their endings:

$$\left. \begin{array}{l} \text{me} \\ \text{te} \\ \text{glie-} \\ \text{ce} \\ \text{ve} \\ \text{glie-} \end{array} \right\} \quad \textbf{lo, la, li, le, ne}$$

Note also that **glielo**, **gliela**, **glieli**, **gliele**, **gliene** are always
written as one word, but all the other pronouns are written
as two separate words:

me la da	he gives it (a feminine object) to me
te li da	he gives them (masculine objects) to you *(fam.)*
ce lo da	he gives it (a masculine object) to us
ve le da	he gives them (feminine objects) to you *(pl.)*
glielo da	he gives it (masculine object) to you/to her/ to him/to them

If these pronouns are followed by the perfect tense there will be agreement (see Section 42):

Glie*li* ho da*ti*. *I have given them* **(i giornali)** *to him.*
Te *le* ho scritt*e*. *I have written them* **(le léttere)** *to you.*

Exercise 56

Answer these questions addressed to you, using **glielo**, **gliela**, **glieli**, **gliele**, *or* **gliene**:

Examples:

Porta la rivista a María?   Sì, *gliela* porto.
Porta il giornale a María?   Sì, *glielo* porto.

1 Porta i panini ai ragazzi?
2 Scrive la léttera a María?
3 Dà il conto alla signora?
4 Dà i soldi alla signora?
5 Porta il vestito al signor Bianchi?
6 Scrive le léttere a tutti?
7 Compra la pasta per gli óspiti?
8 Compra i grissini per María?
9 Vende l'appartamento a questi signori?
10 Vende la casa a questi signori?

Exercise 57

Change the questions and answers in Exercise 56 into the perfect tense:

Examples:

Ha portato la rivista a María?   Sì, *gliel'*ho portata.
Ha portato il giornale a María?   Sì, *gliel'*ho portato.

Exercise 58

Answer these questions using the appropriate double pronouns:

Examples:

Chi Le ha fatto la spesa? … il ragazzo.
   *Me l'*ha fatta il ragazzo.
Chi vi ha offerto un aperitivo? … María.
   *Ce l'*ha offerto María.

1   Chi Le ha consigliato questo ristorante? … un'amica.
2   Chi Le ha dato l'indirizzo? … il poliziotto.
3   Chi Le ha portato la valigia? … il facchino.
4   Chi Le ha riparato l'orologio? … l'orologiaio.
5   Chi Le ha mandato i fiori? … un amico.
6   Chi vi ha portato l'antipasto? … il cameriere.
7   Chi vi ha venduto le matite? … la commessa.
8   Chi vi ha comprato quei regali? … nostra figlia.
9   Chi vi ha prenotato l'albergo? … l'agenzía.
10   Chi vi ha dato la moneta? … l'impiegata.

Exercise 59

Answer these questions addressed to you, using the formal Lei form of the imperative and the appropriate double pronouns:

Example:

Glielo mando io?   Sì, me lo mandi pure.
(Do I send it to you?)   *(Yes, send it to me.)*

1   Glielo porto io?
2   Glieli mando io?
3   Gliele regalo io?
4   Gliela scrivo io?
5   Glielo prenoto io?

→

*and now answer these questions, also addressed to you, by using
the familiar* **tu** *form of the imperative, imagining that you are
talking to a friend:*

Example:

Te lo porto io?   Sì, *pórtamelo* pure!

6 Te la preparo io?
7 Te le mando io?
8 Te li compro io?
9 Te lo scrivo io?
10 Te la prendo io?

CHANGING MONEY

CONVERSATION C

Alla banca
At the bank

Tony has used his ATM card at the Bancomát outside the
Banca del Lavoro in Verona, but has not managed to get
any money out, so he goes inside the bank to complain to
the cashier:

Tony   Scusi, ho provato a usare la mia carta di crédito
          al Bancomát qui fuori, ma non sono riuscito a
          ritirare i soldi.
          *Excuse me, I tried to use my credit card at the
          ATM machine outside, but I could not get
          the money out.*

Cassiere Ha mai usato la Sua carta di crédito in Italia?
          Have you ever used your ATM card in Italy?

Tony	**Sì, a Rímini e non ho mai avuto difficoltà.**
	Yes, in Rimini, and I have never had any problems.
Cassiere	**Mi dica cos'ha fatto.**
	Tell me what you did.
Tony	**Ho messo la carta dentro, poi ho digitato il mio códice segreto, ho premuto il tasto verde e ho chiesto trecentomila lire.**
	I put my card in, then punched in my PIN number, pressed the green button, and asked for 300,000 lire.
Cassiere	**E non ha funzionato?**
	Did it not work, then?
Tony	**Gliel'ho già detto. Sullo schermo c'è scritto che ho aspettato troppo e poi si è chiusa la grata e basta!**
	That's what I told you. On the screen it said that I had waited too long, then the shutter came down, and that was it!
Cassiere	**Di sólito quando c'è scritto così è perchè ha dimenticato di prémere qualche tasto.**
	Usually when it says that it is because you forgot to press some button.
Tony	**Ho capito. Allora, che cosa mi consiglia di fare?**
	I see. What do you advise me to do?
Cassiere	**Provi un'altra volta, ma stia attento e prema il tasto verde súbito.**
	Try once more, but be careful and press the green button immediately.
Tony	**Va bene, ma se la mácchina non mi dà i soldi, me li può dare Lei?**
	OK, but if the machine does not give me the money, can you do it?
Cassiere	**Certo, non si preóccupi!**
	Yes, certainly!

44 Ordinal numbers

Ordinal numbers are used in Italian the same way they are in English, with the exception of days of the month (see Chapter 4, Section 32). Study the first ten:

1st	**primo**
2nd	**secondo**
3rd	**terzo**
4th	**quarto**
5th	**quinto**
6th	**sesto**
7th	**séttimo**
8th	**ottavo**
9th	**nono**
10th	**décimo**

All other ordinal numbers are formed by removing the ending of the cardinal number and adding -**ésimo:**

11th	**undicésimo**
12th	**dodicésimo**
25th	**venticinquésimo**
1,000th	**millésimo**

Note that ordinal numbers have feminine and plural endings like all other adjectives ending in -**o**. Examples:

Te lo dico per la centésima volta.
   I am telling you for the hundredth time.
Papa Giovanni Ventitreésimo
   Pope John XXIII
il tredicésimo sécolo
   the thirteenth century

120

Exercise 60

Translate the following sentences:
1 The shoe department is on the 10th floor.
2 This is the sixth chapter.
3 May 1st is a national holiday in Italy.
4 We live in the twentieth century.
5 Take *(formal)* the fourth street on your left.

45 Irregular verbs: "aprire," "chiédere," "chiúdere," "méttere," "scrívere," "pérdere," "offrire"

The perfect tense of these verbs is formed in the usual way, by using the present tense of **avere** plus the past participle. But notice the latter's irregularity in each case:

Perfect tense

aprire (to open)	**ho aperto** (I opened)
chiédere (to ask)	**ho chiesto** (I asked)
chiúdere (to close)	**ho chiuso** (I closed)
méttere (to put)	**ho messo** (I put)
scrívere (to write)	**ho scritto** (I wrote)
pérdere (to lose)	**ho perso** (I lost)
offrire (to offer)	**ho offerto** (I offered)

Exercise 61

Read Conversation C carefully, then answer the following questions:
1 Dove ha messo la carta di crédito Tony?
2 Che cosa c'è scritto sullo schermo?
3 La grata del Bancomát è chiusa adesso?
4 Tony ha perso i soldi?
5 Perchè Tony è entrato in banca?

MAKING A COMPLAINT

CONVERSATION D

Da Garda Moda
At the Garda Moda boutique

Jeff bought a shirt in a small boutique in Garda, but when he got back home he found that they had given him the wrong size. He asks the salesperson (Commessa) to change it.

Jeff	Ho comprato questa camicia stamattina e vorrei cambiarla perchè è la taglia sbagliata. *I bought this shirt this morning and I would like to change it because it is the wrong size.*
Commessa	Ma non l'ha provata prima? *Didn't you try it on first?*
Jeff	No, ma ho chiesto il quarantadue e questo è il quaranta. *I didn't, but I asked for a size 42 and this is a 40.*
Commessa	Mi dispiace, signore, ma non abbiamo un quarantadue in quel colore. *I am sorry, sir, but we don't have a 42 in that color.*
Jeff	Allora mi può dare indietro i soldi? *Could I have my money back then?*
Commessa	Vede, c'è scritto qui: 'Non si fanno rimborsi'. Ma Le posso dare un altro colore. *Look, it says here: "We don't give refunds." But I could give you another color.*
Jeff	No, è colpa vostra che mi avete dato la taglia sbagliata. Se non avete la mia taglia, voglio indietro i soldi. *No, it is your fault, you gave me the wrong size. If you don't have my size, I want my money back.*

Commessa	Guardi, teléfono all'altro nostro negozio e se neanche loro ce l'hanno, Le do un buono che può usare per qualsíasi artícolo.
	Look, I'll phone our other store and if they don't have it either, I'll give you a voucher which you can use to buy any other article.
Jeff	No, voglio i soldi o la camicia. Per favore, chiami il proprietario.
	No, I want either the money or the shirt. Please call the owner.

Exercise 62

Put the following passage into the perfect tense, changing **oggi** *into* **ieri** *and remembering to change the endings of the past participles where necessary. Begin like this:*

Ieri Tony e Luisa *sono andati* alla Rinascente ...

Oggi Tony e Luisa vanno alla Rinascente per comprare due regali: uno per la madre di Tony e l'altro per quella di Luisa. Luisa va al pianterreno, al reparto accessori, e compra una borsetta di pelle. Tony va a dare un'occhiata al reparto casalinghi al sesto piano. Guarda i servizi da tè e da caffè, ma non li compra.

Alle quattro Tony e Luisa vanno a préndere il tè a un bar in Piazza del Duomo e Luisa gli fa vedere la borsetta. Dopo due ore decídono di tornare alla Rinascente perchè Luisa vede che la cerniera della borsetta è rotta. La porta indietro all'Ufficio Reclami e chiede un rimborso dei soldi o un'altra borsetta. L'impiegato le domanda la ricevuta e dopo molte difficoltà le dà una borsetta nuova. Tony nel frattempo guarda dappertutto, ma non trova niente per la madre di Luisa.

Questo non è un pomeriggio molto fortunato per i due gióvani!

KEY PHRASES & VOCABULARY

Me ne día due etti.
Perchè non gliele ha date?
Ho chiesto indietro i soldi.
Questo è il sesto capítolo.

Vocabulary

accessori (m. pl.)	accessories
aprire	to open
arancia (f.)	orange
artícolo (m.)	article
assaggiare	to taste
atténdere	to wait
áttimo (m.)	minute, moment
Bancomát	ATM
basta	it is enough
blù	blue
borsetta (f.)	pocketbook
búfala (f.)	buffalo
buono (m.)	voucher
calzature (f. pl.)	footwear
cambiare	to change
camicia (f.)	shirt
capítolo (m.)	chapter
carta di crédito (f.)	credit card
cassiere (m.)	cashier
catálogo (m.)	catalog
cerniera (f.)	zip
chiédere	to ask
chilo (m.)	kilo(gram)
chiúdere	to close
códice segreto (m.)	PIN number
colore (m.)	color
colpa (f.)	fault
come	like
comprare	to buy

conto (*m.*)	bill
corrispóndere (*f.*)	to be the equivalent of
dentro	inside
difficoltà (*f.*)	difficulty
digitare	to punch in
droghiere (*m.*)	grocery store
etto (*m.*)	100 grams
facchino (*m.*)	porter
festa (*f.*)	feast
fortunato	lucky
funzionare	to work, function
gióvane	young
grammo (*m.*)	gram
grata (*f.*)	shutter
grissino (*m.*)	breadstick
impiegato/a (*m./f.*)	clerk
indietro	back
in tutto	altogether
lana (*f.*)	wool
léttera (*f.*)	letter
magazzino (*m.*)	store
maglione (*m.*)	sweater
mandare	to send
matita (*f.*)	pencil
méttere	to put
mi raccomando!	mind!
misura (*f.*)	size
moneta (*f.*)	loose change
mucca (*f.*)	cow
nazionale	national
nel frattempo	in the meantime
occhiata (*f.*)	look
olio (*m.*)	oil
orologiaio (*m.*)	watchmaker
pane (*m.*)	bread
panino (*m.*)	roll, sandwich
pantófole (*f. pl.*)	slippers
Papa (*m.*)	pope
parmigiano (*m.*)	Parmesan
pastina (*f.*)	little cake

pelle (f.)	leather
pérdere	to lose
pezzo (m.)	piece
piacévole	pleasant
política (f.)	politics
pomeriggio (m.)	afternoon
portare	to wear
portare indietro	to take back
prémere	to press
proprietario (m.)	owner
prosciutto (m.)	ham
reclami (m. pl.)	complaints
regalare	to give (as a present)
regalo (m.)	present
reparto (m.)	department
ricevuta (f.)	receipt
rimborso (m.)	refund
riparare	to mend
ritirare	to withdraw
riuscire	to succeed
rivista (f.)	magazine
rotto	broken
salame (m.)	salami
sbagliato	wrong
scarpe (f. pl.)	shoes
schermo (m.)	screen
sécolo (m.)	century
segreto	secret
servizio (m.)	set
soldi (m. pl.)	money
spéndere	to spend
spesa (f.)	shopping (for food)
spese (f. pl.)	purchases, shopping
stamattina	this morning
suócera (f.)	mother-in-law
taglia (f.)	size
tasto (m.)	button, key
usare	to use
vestito (m.)	dress, suit
visitare	to visit

Chapter 7

In this chapter you will learn to say how you feel, describe
ailments, name parts of the body, and report an accident.

The grammar will include:
- reflexive verbs
- imperfect and pluperfect tenses
- irregular plurals
- irregular verbs: **córrere, rimanere, rispóndere, rómpere,
  sedersi, succédere**

DESCRIBING AILMENTS

CONVERSATION A

In ambulatorio
At the doctor's office

**Tony Jones has gone to Dr. Guglielmini with a severe
stomachache:**

Dottore **Si accómodi, signor Jones. Come si sente?**
Sit down, Mr. Jones. How do you feel?

Tony **Ho mal di stómaco da due giorni e mi fa
veramente male.**
*I've had stomachache for two days and it is
really painful.*

Dottore **Dov'è il dolore di preciso?**
Where exactly is the pain?

Tony	Qui, proprio in alto, e non mi passa neanche se mi córico.
	High up here, and it doesn't go even when I lie down.
Dottore	Si metta sul lettino che La vísito.
	Lie on the couch and I will examine you.
	[After the examination]
Dottore	Bene, si vesta e si sieda qui che Le spiego.
	Right, get dressed and come and sit down while I explain.
Tony	Allora, cosa ne pensa?
	Well, what do you think (about it)?
Dottore	Secondo me, Lei ha una forma leggera di gastroenterite.
	In my opinion you have a mild form of gastroenteritis.
Tony	Ma è una malattía seria!
	But that is a serious illness!
Dottore	Non si preóccupi, prenda questa medicina tre volte al giorno dopo i pasti per una settimana e poi torni da me.
	Don't worry, take this medicine three times a day after meals for a week and then come back to see me.
Tony	Grazie.
	Thank you.
Dottore	Prego, e non si preóccupi!
	You're welcome, and don't worry!

46 Reflexive verbs

In Italian reflexive verbs (like "I enjoy myself," "I dress myself," etc.) are much more common than in English. They include:

(a) verbs that are reflexive in both languages:

divertirsi	to enjoy oneself
farsi male	to hurt oneself
lavarsi	to wash oneself
vestirsi	to dress oneself

(b) verbs that are reflexive in Italian but not in English:

addormentarsi	to fall asleep
alzarsi	to get up
ammalarsi	to get sick
chiamarsi	to be called
coricarsi	to lie down
dimenticarsi	to forget
ricordarsi	to remember
riposarsi	to rest
sedersi	to sit down
svegliarsi	to wake up

... including many verbs that in English start with "to get ... ":

annoiarsi	to get bored
arrabbiarsi	to get angry
pérdersi	to get lost
preoccuparsi	to get worried/to worry
sposarsi	to get married
stancarsi	to get tired
svestirsi	to get undressed

All reflexive verbs are preceded by the following
reflexive pronouns:

Present tense

mi **lavo**	I wash myself
ti **lavi**	you wash yourself
si **lava**	he washes himself/she washes herself/ you *(form.)* wash yourself
ci **laviamo**	we wash ourselves
vi **lavate**	you wash yourselves
si **lávano**	they wash themselves

All reflexive verbs take "éssere" in the perfect tense and
the past participle agrees with the reflexive pronoun:

Perfect tense

mi sono lavato/a	I washed myself
ti sei lavato/a	you washed yourself
si è lavato/a	he washed himself/she washed herself/you *(form.)* washed yourself
ci siamo lavati/e	we washed ourselves
vi siete lavati/e	you washed yourselves
si sono lavati/e	they washed themselves

Note that the reflexive pronouns must always be expressed
in Italian, even when the verb is followed by a direct object:

Ci siamo lavati.
   We washed
Mi sono lavato le mani.
   I washed my hands.
Si è fatta male al ginocchio.
   She hurt her knee.

Note also that the definite article, not the possessive
adjective, is then used with the part of the body.

Exercise 63

Read Conversation A carefully, then answer the following questions:

1 Perchè Tony va dal dottore?
2 Secondo Lei, Tony si preóccupa molto?
3 Quante volte al giorno deve préndere la medicina?
4 Quando deve tornare dal dottore?
5 Tony ha una malattía seria?

Exercise 64

Answer these questions addressed to you, using the reflexive verb and the expression given:

Example:

Quando si rade? ... ogni mattina.
    Mi rado ogni mattina.
(When do you shave?) ... (every morning.)
    (I shave every morning)

1	Quando si alza ?	... alle 8.
2	Quando si córica?	... alle 11.
3	Quando si lava?	... tutte le mattine.
4	Quando si stanca?	... a lavorare troppo.
5	Quando si arrabbia?	Non ... mai.
6	Quando si annoia?	... a far la coda.
7	Quando si diverte?	... in vacanza.
8	Quando si sveglia?	... alle 7:30.
9	Quando si riposa?	... dopo pranzo.
10	Quando si perde?	... se non ho la cartina.

Exercise 65

Complete the following sentences using these verbs:

addormentarsi	to fall asleep
farsi male	to get hurt
sentirsi bene	to feel well
sentirsi male	to feel ill
ricordarsi	to remember
dimenticarsi	to forget
sposarsi	to get married
ammalarsi	to get sick
lavarsi	to wash
asciugarsi	to dry oneself

Make sure that you use the same person and tense as in the first part of the sentence:

Examples:

Se siamo stanchi …

   Se siamo stanchi *ci riposiamo.*

Quando ho lavorato per 10 ore …

   Quando ho lavorato per 10 ore *mi sono stancato/a.*

1 Quando cado …
2 Quando sono andati a letto
3 Ieri è andata dal dottore perchè …
4 María è stata a letto quando …
5 Abbiamo fatto il bagno, poi …
6 Non ti ho telefonato perchè …
7 María e Giovanni sono andati in chiesa e …
8 Non prendo più le medicine perchè …
9 Quando sono sporchi …
10 Se scrivo la lista della spesa …

DESCRIBING AN ACCIDENT

CONVERSATION B

Un incidente stradale
A traffic accident

Peter describes to his girlfriend Luisa a traffic accident he saw in the center of Rome:

Peter   **Scúsami per il ritardo, ma c'è stato un brutto incidente davanti all'università.**
I'm sorry I'm late, but there has been a terrible accident opposite the university.

Luisa   **Un incidente? Cos'è successo?**
An accident? What happened?

Peter   **Mentre aspettavo l'áutobus ho visto un mio compagno che è stato investito da un motorino.**
While I was waiting for the bus, I saw one of my friends being run over by a scooter.

Luisa   **Il tuo compagno attraversava la strada?**
Was your friend crossing the road?

Peter   **Sì, ha visto l'áutobus arrivare e si è messo a córrere, ma c'era un motorino che veniva da una strada laterale e lui non se n'è accorto.**
Yes, he saw the bus coming and he started running, but there was a scooter coming from a side street and he didn't notice it.

Luisa   **Mamma mia, si è fatto male?**
Oh dear! Was he hurt?

Peter   **Ho proprio paura di sì, io sono corso súbito per aiutarlo. Forse si è rotto una gamba.**
I'm afraid so, I ran to help him right away. He may have broken his leg.

Luisa   **Avete chiamato l'ambulanza?**
Did you call an ambulance?

Peter Sì, ed è venuta súbito. L'hanno portato al
Pronto Soccorso dell'ospedale.
*Yes, and it came immediately. They have taken him to
the emergency room at the hospital.*

Luisa Se vuoi, possiamo andare a trovarlo oggi
pomeriggio.
If you like, we could go and visit him this afternoon.

Exercise 66

Read Conversation B, then answer the following questions:

1 Perchè Peter è in ritardo?
2 Che cosa è successo al suo compagno?
3 Perchè il suo compagno non ha visto il motorino?
4 Dove l'hanno portato?
5 Dov'era Peter quando è successo tutto questo?

47 Imperfect tense

The endings of the imperfect tense are formed by removing
-re from the infinitive and adding -vo, -vi, -va, -vamo, -vate,
-vano:

parlare	vedere	venire
parla*vo*	vede*vo*	veni*vo*
parla*vi*	vede*vi*	veni*vi*
parla*va*	vede*va*	veni*va*
parla*vamo*	vede*vamo*	veni*vamo*
parla*vate*	vede*vate*	veni*vate*
parlá*vano*	vedé*vano*	vení*vano*

When talking about something that happened in the past, you use the imperfect tense:

(a) to describe people or things:

Garibaldi aveva la barba.
Garibaldi had a beard.

(b) to describe habitual or continuous action, as in English "I used to do" or "I was doing":

María mangiava quando sono arrivato.
Mary was eating when I arrived.
Da píccola abitavo in campagna.
As a child I used to live in the country.

(c) to describe something that happened in the past and went on for an unspecified period of time:

I bambini non volévano uscire.
The children did not want to go out.

48 Use of perfect and imperfect tenses

To help you with the use of these two past tenses, remember: the perfect is used when the action happened in the past and is *over with*, the imperfect is used when the action *went on for an unspecified period of time*:

Ho mandato una léttera a María perchè non stava bene.

ho mandato:	The action is over and done with.
stava:	Mary was unwell for an unspecified period of time.

49 Imperfect of "éssere"

ero	I was
eri	you were
era	he/she/it was
eravamo	we were
eravate	you were
érano	they were

Exercise 67

Answer these questions addressed to you, using the imperfect tense:

Examples:

Andava a scuola quando era píccolo/a?
    Sì, *andavo* a scuola quando *ero* píccola/o.
Andavate a scuola quando eravate píccoli?
    Sì, *andavamo* a scuola quando *eravamo* píccoli.

1 Fumava quando era píccolo?
2 Faceva molti sport quando era a scuola?
3 Viaggiava molto quando abitava in Italia?
4 Andava sempre in mácchina quando lavorava in centro?
5 Sentiva molto i rumori quando dormiva al pianterreno?
6 Facevate molte gite quando eravate in montagna?
7 Andavate fuori spesso quando abitavate a Milano?
8 Fumavate quando avevate 18 anni?
9 Mangiavate solo verdura quando vivevate in Inghilterra?
10 Compravate sempre il giornale quando lavoravate in Italia?

Exercise 68

*Answer the following questions using **ero** or **eravamo** and the expressions given:*

Examples:

Perchè non è venuto ieri? ... impegnato.
(Why didn't you come yesterday?)
    Perchè **ero impegnato.**
    (Because I was busy.)
Perchè non siete venuti ieri? ... impegnati.
    Perchè eravamo impegnati.

1   Perchè è andato all'ospedale? ... malato.
2   Perchè non ha scritto? ... indisposto.
3   Perchè non ha telefonato? ... arrabbiato.
4   Perchè non è venuto prima? ... troppo stanco.
5   Perchè non ha visto il motorino? ... distratto.
6   Perchè non avete preso il caffè? ... senza soldi.
7   Perchè siete andati dal dottore? ... malati.
8   Perchè non siete venuti? ... stanchi.
9   Perchè non vi siete fermati di più? ... in ritardo.
10 Perchè avete chiamato l'ambulanza? ... molto
    preoccupati.

Exercise 69

Change the following sentences into the imperfect tense and make a contrast:

Example:

Adesso non leggo più.   Una volta **leggevo molto.**
(Now I don't read anymore.)   *(Once I used to read a lot.)*

1   Adesso non viaggiate più.
2   Adesso non ci preoccupiamo più.
3   Adesso non viággiano più.
4   Adesso non scrivi più.

5   Adesso non lavora più.
6   Adesso non mi diverto più.
7   Adesso non usciamo più.
8   Adesso non fumo più.
9   Adesso non leggi più.
10 Adesso non párlano più.

Exercise 70

Put these sentences into the past tense, using **ieri**, *making
sure that you use both the perfect and imperfect tenses
where necessary:*

Example:
Prende un'aspirina perchè non si sente bene.
    Ieri *ha preso* un'aspirina perchè non si *sentiva* bene.

1   Prendo l'áutobus perchè sono stanca.
2   Non guardo la televisione perchè non funziona.
3   Quando sono a Firenze vado agli Uffizi.
4   Noi andiamo dal dottore perchè abbiamo la febbre.
5   Il dottore ti vísita in casa quando sei a letto malata.
6   Mi alzo alle dieci perchè è festa.
7   Mentre leggo il giornale entra il mio óspite.
8   Mentre scrivo la léttera i bambini mángiano tutti i
    cioccolatini.
9   Sandra ha mal di testa e non va a lavorare.
10 Mentre cammino lungo la strada vedo un incidente.

PARTS OF THE BODY

50 Irregular plurals

When describing parts of the body, take care because many have irregular plurals, and some also change from masculine to feminine:

l'orecchio *(m.)*	le orecchie *(f.)* (ears)
il labbro *(m.)*	le labbra *(f.)* (lips)
il braccio *(m.)*	le braccia *(f.)* (arms)
il dito *(m.)*	le dita *(f.)* (fingers)
il ginocchio *(m.)*	le ginocchia *(f.)* (knees)
la mano *(f.)*	le mani *(f.)* (hands)

Examples:

Giovanni si è fatto male alle ginocchia.
   John hurt his knees.
Ho le dita gelate.
   My fingers are frozen.

Note that you must use the definite article with parts of the body (see note at the end of section 46).

Other irregular plurals include the following:

(a) masculine words ending in **-a** change to **-i** in the plural:

il programma	**i programmi**
il telegramma	**i telegrammi**
l'artista	**gli artisti**
il pianista	**i pianisti**
il violinista	**i violinisti**

(b) foreign words, words ending with an accented vowel, words ending in -i, and abbreviated words remain unchanged in the plural:

la città	le città
la difficoltà	le difflcoltà
l'hobby	gli hobby
il taxi	i taxi
la tesi (thesis)	le tesi
il bar	i bar
il caffè	i caffè
la radio	le radio

140

CONVERSATION C

In farmacia
At the drugstore

Jeff is asking the pharmacist for advice after getting a bad sunburn.

Farm. **Desídera?**
May I help you?

Jeff **Vorrei una crema contro le scottature.**
I'd like something for sunburn.

Farm. **Si è proprio preso una bella scottatura al viso.**
You've certainly burned your face badly.

Jeff **Non solo al viso, ma anche sulla schiena e sulle gambe.**
Not only my face, but my back and legs too.

Farm. **Le do questo pomata. Se la metta due volte al giorno, ma stia attento a non esporsi al sole.**
I can give you this cream. Apply twice a day, but do be careful and don't sunbathe.

Jeff **Va bene, grazie. E quanto devo evitare il sole?**
All right, thank you. How long should I stay away from the sun?

Farm. **Finchè l'arrossamento non è passato. Se poi si spella torni da me che Le do un'altra pomata protettiva.**
Until all the redness has gone. Then if you start peeling, come back and I'll give you another protective cream.

Jeff **Grazie mille, dottoressa.**
Thank you, doctor.

Exercise 71

Read Conversation C carefully, then answer these questions:

1 Perchè Jeff va dalla farmacista?
2 Che cosa gli prescrive?
3 Dove si deve méttere la pomata?
4 Fino a quando deve evitare il sole?
5 Poi che cosa deve fare?

Exercise 72

Complete the following conversation using the clues given:

You	Buongiorno, dottore.
Doctor	Buongiorno, si accomodi. Che disturbi ha?
You	*(I have a backache.)*
Doctor	Da quanto tempo ha questi síntomi?
You	*(For two days.)*
Doctor	Vediamo. Si córichi sul lettino e mi dica se Le fa male.
You	*(Yes, it is very painful. Is it serious?)*
Doctor	No, non si preóccupi! Dovrebbe éssere solo uno strappo muscolare.
You	*(What is a "muscle strain?" What shall I do?)*
Doctor	Uno strappo muscolare è abbastanza comune. Si riposi il più possíbile e se deve piegarsi, pieghi le ginocchia e non la schiena.
You	*(Could you give me something to (per) sleep?)*
Doctor	Le do questa medicina per rilassare i múscoli.
You	*(Thank you, doctor!)*

51 Irregular verbs: "sedersi," "córrere," "rimanere," "rispóndere," "rómpere," "succédere"

Have a look at the present tense of **sedersi** (to sit down),
then notice the perfect tense of some other irregular verbs.
Some are formed with the present tense of **avere**, others with
the present tense of **éssere** (see section 23 if you need
reminding about this).

Present tense **of sedersi**

mi siedo
ti siedi
si siede
ci sediamo
vi sedete
si siédono

	Perfect tense
córrere (to run)	**sono corso**
rimanere (to stay)	**sono rimasto/a**
rispóndere (to reply)	**ho risposto**
rómpere (to break)	**ho rotto**
succédere (to happen)	**è successo** (it happened)

52 Pluperfect

This tense ("I had seen," "I had gone") is used in Italian, as
it is in English, to express an action that happened before
another action in the past. It is formed by using the imperfect
tense of the verbs **avere** and **éssere** and the past participle:

Avevo già chiamato l'ambulanza quando sei arrivato tu.
I had already called an ambulance when you arrived.
Non era ancora andata a trovarlo.
She had not gone to see him yet.

Exercise 73

Put the verbs in parentheses into the pluperfect in the following sentences:

Example:
Ieri Anna (andare) dal signor Bianchi, così io sono rimasta sola.
Ieri Anna *era andata* dal signor Bianchi, così io sono rimasta sola.

1 Eva non (rispóndere) alla mia léttera, così non le ho più scritto.
2 Gli studenti (andare) a Firenze due altre volte, ma questa volta hanno visto gli Uffizi.
3 Voi (éssere) in casa tutto il tempo e non me l'avete detto?
4 Il dottore (scrívere) la ricetta lunedì, ma l'ho ricevuta oggi.
5 María non (rómpere) mai niente, ma oggi ha fatto un disastro!
6 Silvio (farsi male) al braccio, così non è potuto venire.
7 Che cosa (succédere), perchè non sei andato?
8 La mácchina si è fermata perchè non ci (méttere) benzina.
9 Ha detto che (chiúdere) la porta.
10 Noi (sedersi) già, quando sei entrato tu.

KEY PHRASES & VOCABULARY

Non è venuto perchè era stanco.
Si sono fatti male alle braccia.
Tony ha detto che il motorino l'aveva investito.
Tutti i taxi érano occupati.

Vocabulary

addormentarsi	to fall asleep
ambulanza (f.)	ambulance
ambulatorio (m.)	doctor's office
aiutare	to help
accórgersene	to notice
alzarsi	to get up
ammalarsi	to become sick
annoiarsi	to get bored
artista (m. & f.)	artist
asciugarsi	to get dry
arrabbiarsi	to get angry
arrabbiato	angry
arrossamento (m.)	reddening
attraversare	to cross
aver male di	to have a pain in ...
barba (f.)	beard
benzina (f.)	gas
braccio (m.) (pl. -a f.)	arm
brutto	ugly
camminare	to walk
campagna (f.)	countryside
chiamarsi	to call oneself, to be called
cioccolatini (m. pl.)	chocolates
compagno	friend
coricarsi	to lie down
córrere	to run
crema (f.)	cream
di preciso	exactly
distratto	absentminded, distracted

dito (*m.*) (*pl.* -**a** *f.*)	finger, toe
divertirsi	to enjoy oneself
dottore (*m.*)	doctor
esporsi al sole	to sunbathe
evitare	to avoid
finchè … non	until
farmacista (*m. & f.*)	pharmacist
far male	to hurt
febbre (*f.*)	fever, temperature
festa (*f.*)	feast (day), holiday
forma (*f.*)	form
forse	perhaps
gamba (*f.*)	leg
gastroenterite (*f.*)	gastroenteritis
gelato	frozen
ginocchio (*m.*) (*pl.* -**a** *f.*)	knee
hobby (*m.*)	hobby
impegnato	busy
incidente (*m.*)	accident
indisposto	indisposed, unwell
investire	to run over
labbro (*m.*) (*pl.* -**a** *f.*)	lip
laterale	on the side
lavarsi	to wash oneself
leggero	light, mild
letto (*m.*)	bed
lettino (*m.*)	couch
malattía (*f.*)	illness, disease
male (*m.*) (**di …**)	ache, pain
mano (*f.*)	hand
medicina (*f.*)	medicine
médico (*m.*)	medical doctor
médico	medical
motorino (*m.*)	scooter
orecchio (*m.*) (*pl.* -**e** *f.*)	ear
ospedale (*m.*)	hospital
passare	to pass, to go
pérdersi	to get lost
pianista (*m. & f.*)	pianist
pomata (*f.*)	ointment

preoccuparsi	to worry
preoccupato	worried
prescrívere	to prescribe
programma (*m.*)	program
Pronto Soccorso (*m.*)	Emergency Room
protettivo	protective
rádersi	to shave
ricetta (*f.*)	prescription
rimanere	to stay
riposarsi	to rest
rómpere	to break
schiena (*f.*)	back
scottatura (*f.*)	burn
secondo	according to, in the opinion of
sedersi	to sit down
sentirsi	to feel
serio	serious
sole (*m.*)	sun
spellarsi	to peel
spiegare	to explain
sporcarsi	to get dirty
sporco	dirty
sposarsi	to get married
stancarsi	to get tired
stómaco (*m.*)	stomach
strada (*f.*)	road
strappo muscolare (*m.*)	muscular sprain
súbito	immediately
succédere	to happen
svegliarsi	to wake up
svestirsi	to undress
telegramma (*m.*)	telegram
testa (*f.*)	head
una volta	once
uscire	to go out
vestirsi	to get dressed
violinista (*m. & f.*)	violinist
vísita (*f.*)	visit, examination
visitare	to visit, to examine
viso (*m.*)	face

Chapter 8

In this chapter you will learn to talk about hobbies and interests, express opinions on TV, movies, and theater, arrange meetings and activities, agree or disagree, apologize, and write a letter.

The grammar will include:
- comparatives and superlatives
- prepositions followed by infinitives
- agreement and disagreement
- expressions using *avere*
- irregular verbs: **decídere, accórgersi**
- the verb **fare**

HOBBIES & INTERESTS

CONVERSATION A

Alla festa
At the party

Fabio and Marina are at a party, where they have just been introduced, and discuss their mutual interests.

Fabio   **Le piace il calcio?**
Do you like soccer?

Marina **No, non mi interesso di sport, e Lei?**
No, I'm not interested in sports, and you?

148

Fabio	**Beh, sono un tifoso dell'Inter, ma la mia vera passione è la lírica.** *Well, I am a fan of Inter Milan, but opera is my real passion.*
Marina	**Ma davvero? Anche a me piace molto. Specialmente Puccini.** *Really? I like it very much too. Specially Puccini.*
Fabio	**Qual è il Suo cantante preferito?** *Who is your favorite singer?*
Marina	**Per me Plácido Domingo è insuperábile. Ma anche Pavarotti è bravo, intendiámoci.** *To me, Placido Domingo is unbeatable. But Pavarotti is good too, I admit.*
Fabio	**Bravo? È único! È il miglior tenore del mondo.** *Good? He is unique! He is the best tenor in the world.*
Marina	**In un certo senso, sì. Tecnicamente è bravíssimo. Ma Domingo ha una voce più calda, più espressiva.** *In a way, yes. Technically, he is very good. But Domingo's voice has more feeling, more warmth.*
Fabio	**In questo Le do ragione. Domingo è molto espressivo e anche récita bene. Ma ha visto Pavarotti alla televisione ieri?** *I agree with you about that. Domingo sings with feeling and acts well too. But did you see Pavarotti on TV yesterday?*
Marina	**Sì, per dire la verità, mi è piaciuto.** *Yes, I must admit, I liked him.*
Fabio	**Vede? Gliel'ho detto che è un genio!** *See? Didn't I tell you that he is a genius!*

53 Comparatives

Comparatives of inequality: "more/less ... than"

In Italian, when you compare two things that are unequal, you use **più** (more) or **meno** (less) in front of the adjective or adverb:

Ha una voce più espressiva.
He has a more expressive voice.
È una strada meno affollata.
It is a less crowded street.
Guardo la televisione più spesso.
I watch television more often.

"Than" is translated by:

(a) **di** before a noun, pronoun, or numeral:

Il film dura meno di un'ora.
The movie lasts less than one hour.
Tutti si divértono più di me.
They all enjoy themselves more than I.
Capisco María più facilmente di Gino.
I understand Mary more easily than Gino.

(b) **che** before any other part of speech:

Questa storia è più trágica che cómica.
This story is more tragic than comic.
Vado a teatro più spesso d'inverno che d'estate.
I go to the theater more often in winter than in summer.

Note that if two similar things with different qualities are being compared, you use **che** even before nouns:

Ci sono più turisti che veronesi in città.
There are more tourists than Veronese in town.

Leggo più riviste che giornali.
I read more magazines than newspapers.

Comparative of equality: "as … as"

When comparing two things that are alike ("as … as"), in Italian you don't translate the first "as" and you use **come** to translate the second:

Milano è grande come Roma.
Milan is as big as Rome.
Milano non è grande come New York City.
Milan is not as big as New York City.

Note that when in English you use "as much" or "as many," in Italian you use **tanto … quanto**, but these agree with the noun or pronoun they refer to:

Ho tanto tempo quanto te.
I have as much time as you.
Ho tanti amici quanti te.
I have as many friends as you.
Or: **Ho tanti amici quanto te.**

Exercise 74

Read Conversation A again very carefully, then answer these questions:

1 Secondo Marina, Pavarotti è bravo come Domingo?
2 Perchè Fabio non è d'accordo?
3 Tecnicamente, chi canta meglio?
4 A Marina è piaciuto Pavarotti alla televisione?
5 Marina è appassionata di sport?
6 Per chi fa il tifo Fabio?

Exercise 75

Fill in the gaps in the following sentences using **più di** *or* **più che:**

Example:

Luisa guadagna ... ... 900.000 lire al mese.
Luisa guadagna *più di* 900.000 lire al mese.

1 Ci sono ... ... 30.000 spettatori all'Arena.
2 Secondo me Roma è ... grande ... Milano.
3 Giovanni è ... studioso ... intelligente.
4 Ci sono ... teatri a Roma ... a Torino.
5 Conosco ... attori italiani ... stranieri.
6 Sua figlia è ... alta ...lei.
7 Fa ... caldo in Italia ... in Estati Uniti.
8 Parla ... piano ... me.
9 Luisa mangia ... ... tutti.
10 L'Aida mi piace ... ... Rigoletto.

54 Superlatives

In Italian you form the superlative by putting **il più**, **la più**, **i più**, **le più**, ("the most" or "-est" in English) in front of the adjective or adverb:

Il Pánteon ha la più grande cúpola del mondo.
The Pantheon has the largest dome in the world.

Note that the English "in" is translated by **di** after a superlative.

Superlatives ending in **-íssimo**

To say that something is very big, very easy, etc., in Italian, you can either use **molto** or add **-íssimo/a/i/e** at the end of the adjective:

This opera is very long.	**Quest'ópera è molto lunga.**
Or:	**Quest'ópera è lunghíssima.**

The palaces are very old.	**I palazzi sono molto vecchi.**
Or:	**I palazzi sono vecchíssimi.**

55 Irregular comparatives and superlatives

buono	**migliore**	**óttimo**
(good)	(better/best)	(very good)
cattivo	**peggiore**	**péssimo**
(bad)	(worse/worst)	(very bad)
grande	**maggiore**	**mássimo**
(great)	(greater/greatest)	(very great)
píccolo	**minore**	**mínimo**
(small)	(smaller/smallest)	(very small)

molto (much)	**più** (more/most)
poco (a little)	**meno** (less/least)
bene (well)	**meglio** (better)*
male (badly)	**peggio** (worse)*

* These are only used as adverbs.

Examples:

"Zia Teresa" è il miglior ristorante di Nápoli.
    "Zia Teresa" is the best restaurant in Naples.
Il Barolo è un óttimo vino.
    Barolo is a very good wine.
I miei fratelli minori sono a scuola.
    My younger brothers are at school.
Canta meglio di me.
    He sings better than I.

Note that **minore** also means "younger"' and **maggiore** "older."

Note also that **migliore** (like many words ending in **-re**) can drop the final **e** when followed by another word:

È il peggior film del festival.
It is the worst film in the festival.
Penso di andár via.
I am thinking of leaving.
Parlo al signor Rossi.
I am speaking to Mr. Rossi.

Exercise 76

Translate the following sentences:

1 This is the worst wine in the world!
2 We are as good as you in Italian.
3 There were more than 20,000 spectators.
4 Maria Callas was a very famous singer.
5 St. Paul's (Cathedral) is not as big as St. Peter's.
6 John drinks more wine than water.
7 I feel better now.
8 These programs are very boring.
9 We did not buy as many presents as you (*pl.*).
10 My younger sister lives in Milan.

ARRANGING A MEETING

CONVERSATION B

In Piazza San Marco
In St. Mark's Square

Tony and Luisa have come to Venice for the day. Luisa wants to visit a church with her friend Carla and Tony wants to go to an exhibition.

Tony   **Allora, se vuoi andare alla Chiesa del Cármine con Carla io mi fermo a vedere la mostra.**
If you want to go and see the Chiesa del Carmine with Carla, I'll stay and see the exhibition.

Luisa   **Poi dove ci troviamo?**
Where shall we meet* afterwards?

Tony   **Fra due ore davanti all'Accademia?**
In two hours in front of the Accademia?

Luisa   **Va bene.**
OK.

[Two hours later]

Luisa   **Éccoci qua, ti è piaciuta la mostra?**
Here we are, did you like the exhibition?

Tony   **Sì, moltíssimo. E voi, vi siete divertite?**
Yes, very much. And you, did you enjoy yourselves?

Luisa   **Sì. L'Assunzione del Tiziano era magnífica. Poi, per strada, abbiamo fatto anche delle cómpere.**
Yes, Titian's Assumption was marvelous. Then on the way we went and did some shopping.

Tony   **Davvero? Cosa avete comprato?**
Did you? What did you buy?

Luisa	**Dei regali per i nostri amici.**
	Some presents for our friends.
Tony	**Bene. Ma non avete fame adesso?**
	Good. Are you hungry now?
Luisa	**Sì, molto. Abbiamo visto una trattoria qui vicino, perchè non ci andiamo insieme?**
	Yes, very. We saw a trattorias near here, why don't we go there together?
Tony	**Volentieri. Ho proprio voglia di sedermi e riposarmi un po'.**
	I'd love to. I do feel like sitting down and resting for a while.
Luisa	**Óttima idea. Andiamo!**
	Excellent idea! Let's go!

* The verb "to meet" is translated by **trovarsi** to describe an arranged meeting and by **incontrarsi** to describe a chance meeting.

Exercise 77

Read Conversation B carefully, then answer the following questions:

1 Che cosa vuole vedere Tony?
2 Perchè non ci va anche Luisa?
3 Dove si tróvano fra due ore?
4 Che cosa hanno comprato le due ragazze?
5 Dove vanno a mangiare?

56 Prepositions with infinitives

In Italian "to" before an infinitive is:

(a) not translated with modal verbs like **voglio, posso, devo,** and **preferisco, mi piace, desídero**:

Preferisco stare a casa.
I prefer to stay at home.
Non mi piace camminare.
I don't like to walk.

(b) translated by **a** with verbs such as **andare, venire, restare, imparare, divertirsi, riuscire:**

Vado a vedere la mostra.
I am going to see the exhibition.
Comincio a capire.
I am beginning to understand.
Li invito a mangiare.
I invite them to eat.

(c) translated by **di** with verbs such as **finire, pensare, crédere, accórgersi, prométtere, decídere, sperare:**

Ha deciso di venire.
He decided to come.
Finisco di léggere.
I finish reading.
Penso di venire.
I am thinking of coming.

Note that in English verbs preceded by prepositions end in "-ing," but in Italian only the infinitive can be used:

Ha cominciato a criticare.
He started by criticizing.

Note also that there is no rule that will help you decide which verbs take **a** and which **di.** Try and memorize them, or write them down whenever you see or hear them used.

Exercise 78

Complete the following sentences with the verbs given, making sure that you use the correct prepositions, if required, before the infinitive:

1 **María e Gianni** (decided to) **non uscire oggi.**
2 (we start) **camminare alle tre.**
3 (she hopes) **arrivare in tempo.**
4 (I don't like) **guardare la partita di calcio.**
5 (do you enjoy) (formal) **visitare i musei e le galleríe?**
6 (he prefers) **fare le cómpere.**
7 **Tutti i negozi** (must) **chiúdere una volta alla settimana.**
8 (I finished) **scrívere la léttera.**
9 (they think) **capire molto ma non capíscono niente.**
10 (we are going) **mangiare al ristorante.**

57 Apologizing

To say that you are sorr, in Italian, you use **dispiacere**:

mi dispiace	I am sorry
ti dispiace	you are sorry
gli dispiace	he is sorry
le dispiace	she is sorry
Le dispiace	you are sorry *(form.)*
ci dispiace	we are sorry
gli dispiace	they are sorry

Mi dispiace, ma non posso fermarmi.
   I am sorry but I can't stay.
Ci dispiace di éssere in ritardo.
   We are sorry we're late.

WRITING A LETTER

READING

Tony is writing to his teacher to apologize for not attending his classes.

Venezia, 24 settembre '91

Caro Professore,

Sono venuto a Venezia con la mia ragazza e avevamo pensato di tornare doménica sera. Purtroppo, però, non possiamo arrivare in tempo per la lezione d'italiano lunedì perchè la nostra amica ci ha gentilmente invitati a restare qui ancora per qualche giorno per vedere la Regata stórica.

Abbiamo deciso di accettare perchè non vogliamo pérdere l'occasione di vedere uno spettácolo único al mondo come questo.

La prego di accettare le mie scuse per questa assenza.

Mi dispiace molto di dovér pérdere le lezioni e vorrei pregarLa di tenermi i fogli delle lezioni di lunedì, se questo non Le è di troppo disturbo.

Distinti saluti

Tony Smith

Venice, September 24, 1991

Dear Professor ...

I came to Venice with my girlfriend, and we had thought of coming back on Sunday night. Unfortunately, however, we cannot be back in time for the Italian lesson on Monday because our friend has kindly invited us to stay here for a few days to see the historic Regatta.

We have decided to accept because we do not want to miss the opportunity to see such a unique spectacle (in the world).
Please accept my apology for this absence.

I am very sorry to have to miss classes, and may I ask you to keep Monday's worksheets for me if it is not too much trouble for you.

Sincerely yours,

Tony Smith

Note that a formal letter usually starts with **Caro** (or **Egregio**), **Cara** (or **Gentile**) followed by the addressee's title (**Dottore**, **Signore**, **Dottoressa**, etc.) and ends with **Distinti saluti** (Sincerely yours). A less formal letter would start with **Caro, Cara** followed by the addressee's first name and would end with **Tanti saluti** or **Affettuosi saluti** (Love, Much love). The address is usually put at the bottom, not at the top, of a letter.

Exercise 79

Translate the following letter of apology:

Dear Mrs. Rossi,
Thank you for your invitation to the theater next Tuesday. I am sorry, but unfortunately I cannot come. I am going to Florence on Tuesday and cannot come back until Wednesday. Please accept my apologies, but I have to go on business and I cannot refuse.

Sincerely yours,

58 Expressions using "avere"

There are many expressions in Italian using **avere** instead of the English verb "to be":

avere ragione	to be right
avere torto	to be wrong
avere fame	to be hungry
avere sete	to be thirsty
avere freddo	to be cold
avere caldo	to be hot
avere paura	to be afraid
avere fretta	to be in a hurry
avere voglia	to be willing/to feel like

Examples:

Mario ha ragione e tu hai torto.
Mario is right and you are wrong.
Io ho fame e freddo.
I am cold and hungry.

59 Agreement and disagreement

To say that you agree or disagree with somebody in Italian you use: **éssere d'accordo/non éssere d'accordo** or **dare ragione/dare torto.** Examples:

María ha ragione, ma Antonio le dà sempre torto.
Mary is right, but Anthony always disagrees with her.
Sono d'accordo con te.
I agree with you.

Note: **éssere d'accordo** *con* ... but **dare ragione** *a* ...

Exercise 80

Comment on the statements using the correct expression from the following:

avere fame	avere caldo
avere sete	dare ragione
avere ragione	dare torto
avere torto	avere fretta
avere freddo	avere paura

Example:
Dico che la regina d'Inghilterra si chiama Rita. *Io ho torto.*

1 Oggi la temperatura è sotto zero. Io …
2 Non mángiano da due giorni. (loro) …
3 Mario dice che io sono molto bravo. Io … !
4 Tutti dícono che María studia poco, ma María …
5 A Nápoli ci sono 40 gradi. Tutti …
6 Vogliamo una bottiglia di acqua minerale. (noi) …
7 Mario pensa sempre di aver ragione, ma io …
8 Non mi piace viaggiare da sola perchè (io) …
9 Dévono correre a prendere il treno. (loro) …
10 Silvia dice che Parigi è in Spagna. Silvia …

60 Use of the verb "fare"

Fare is used in many expressions, with different meanings:

(a) "to do" and "to make":

Faccio il tè.	*I am making tea.*
Che cosa fai?	*What do you do?*
Faccio fatica.	*I make an effort.*

(b) "to be" with jobs and professions:

Faccio la commessa.
   I am a salesperson.

(c) "to take":

Faccio una passeggiata.
   I am taking a walk.
Faccio il bagno.
   I am taking a bath.

(d) "to give":

Ho fatto una conferenza su Dante.
   I gave a lecture on Dante.

(e) "to get something done":

Faccio riparare la televisione.
   I have the TV repaired.
Li faccio studiare.
   I make them study.
Mi fa fare tutto!
   He makes me do everything!

(f) to describe the weather:

Fa bel tempo.	*The weather is fine.*
Fa freddo.	*It is cold.*

(g) in idiomatic expressions:

fare attenzione	to pay attention
far figura/colpo	to impress
fare la coda	to line up
fare il tifo	to support
fárcela	to manage
farla a qualcuno	to trick/deceive somebody
far sapere	to inform, to let [people] know

61 Irregular verb: "accórgersi"

accórgersi	Perfect tense **mi sono accorto/accorta** (I noticed)

Exercise 81

*Answer the following questions using the correct form of **fare**:*
Examples:

Allora ce l'avete fatta?	Sì, ce **l'abbiamo fatta.**
(Could you manage then?)	*(Yes, we managed.)*

Fa l'attrice Lei?	Sì, **faccio** l'attrice.
(Are you an actress?)	*(Yes, I am an actress.)*

1 Avete fatto una passeggiata?
2 Ha fatto molte lezioni?
3 Fa brutto tempo oggi?
4 Le fa ripétere l'esercizio?
5 Mi fa vedere quella fotografía?
6 Fate colazione in albergo?
7 Si fa costruire una casa?
8 Vi fa fare molto lavoro?
9 Ce la fa?
10 Avete fatto fatica?

Exercise 82

Translate the following sentences:

1 We decided to go to the exhibition.
2 In my opinion this is the worst film by Fellini.
3 They did not realize that I was very tired.
4 Which is the largest theater in the world?
5 I don't like music as much as you (fam.) do.
6 Hotels are more expensive in August than in June.
7 Shall we meet in three hours?
8 I am very sorry about being late.
9 Did you enjoy yourself (formal) with your friends yesterday?
10 Did you (formal) manage to find the tickets?

KEY PHRASES & VOCABULARY

Mi dispiace di non éssere venuto.
E il più famoso cantante del mondo.
Non ce la faccio più.
New York C ity è più grande di Milano.

Vocabulary

accettare	to accept
accordo (m.)	agreement
accórgersi	to realize
affettuoso	affectionate, loving
appassionato	fond
assenza (f.)	absence
attore (m.)	actor
attrice (f.)	actress
avér voglia (di)	to feel like, to want
bravo	good, clever
calcio (m.)	soccer
caldo	hot, warm
cantante (m. & f.)	singer
cattivo	bad
coda (f.)	line
cómpera (f.)	purchase
conferenza (f.)	lecture
costruire	to build
criticare	to criticize
cúpola (f.)	dome
Egregio	Dear [sir]
davvero	really
dispiacere	to be sorry
distinto	distinguished
Distinti saluti	Sincerely yours
disturbo (m.)	bother
duomo (m.)	cathedral
espressivo	intense, with feeling
facilmente	easily

fame (*f.*)	hunger
fatica (*f.*)	effort
fárcela	to manage, to cope
fermarsi	to stop, to stay
festa (*f.*)	party
féstival (*m.*)	festival
Firenze (*f.*)	Florence
fissare	to arrange
freddo (*m.*)	cold
fretta (*f.*)	hurry
gallería (*f.*)	gallery
genio (*m.*)	genius
Gentile	Dear [madam]
gentile	kind
grado (*m.*)	degree
incontrarsi	to meet
insuperábile	unbeatable, outstanding
intelligente	intelligent, clever
inténdere	to understand
interessarsi	to be interested
inverno (*m.*)	winter
invito (*m.*)	invitation
lírica (*f.*)	operatic music, opera
maggiore	greater, greatest
magnífico	magnificent
male	badly
meglio	better *(adverb)*
migliore	better, best
minore	smaller, smallest/younger, youngest
música (*f.*)	music
[música] lírica (*f.*)	operatic music, opera
mondo (*m.*)	world
mostra (*f.*)	exhibition
museo (*m.*)	museum
occasione (*f.*)	opportunity
palazzo (*m.*)	palace, block [of apartments]
passatempo (*m.*)	pastime
passeggiata (*f.*)	walk
passione (*f.*)	passion, interest
paura (*f.*)	fear

peggio	worse (*adverb*)
peggiore	worse
per affari	on business
péssimo	very bad
pregare	to pray, to beg
presuntuoso	conceited
ragione (*f.*)	right, reason
recitare	to act
regata (*f.*)	regatta
Roma (*f.*)	Rome
saluto (*m.*)	greeting
scusare	to forgive, to excuse
senso (*m.*)	way, sense
sete (*f.*)	thirst
simpático	likable
sincero	sincere
sotto	below, under
Spagna (*f.*)	Spain
spesso	often
spettácolo (*m.*)	show, spectacle
spettatore (*m.*)	spectator
storia (*f.*)	story, history
stórico	historical
straniero	foreign, foreigner
studioso	studious
tanto ... quanto	as much/many ... as
teatro (*m.*)	theater
tecnicamente	technically
tenore (*m.*)	tenor
tifo (*m.*) fare il tifo	to support
tifoso	fan, supporter
torto	wrong
trágico	tragic
trovarsi	to meet
turista (*m. & f.*)	tourist
único	unique
verità (*f.*)	truth
voce (*f.*)	voice

Chapter 9

In this chapter you will learn to describe your job, talk about
jobs in general, discuss current affairs, choose the appropriate
form of address, and spell names and acronyms.

The grammar will include:
- relative pronouns
- use of gerund and infinitive
- continuous present and imperfect tenses (**sto, stavo** + gerund,
  stare per ...)
- imperatives of **fare, dire, andare**
- **da', di', fa', sta', va'** with pronouns
- irregular verbs: **eléggere** and verbs ending in **-gliere**
- negative pronouns and adverbs

TALKING ABOUT JOBS

CONVERSATION A

At an old school reunion, Antonio and María meet ten
years after leaving school and talk about their jobs.

A una riunione di ex-allievi
At an old school reunion

Antonio **Ciao María, ti ho riconosciuta súbito!**
Hello, María, I recognized you right away!

María	Ciao, mi pareva di averti riconosciuto. Sono proprio contenta di rivederti.
	Hello, I thought I recognized you. I am really pleased to see you again.
Antonio	Anch'io, sai. E dimmi un po', cosa fai di bello?
	So am I, you know. Tell me, what do you do now?
María	Faccio l'avvocato, e tu? Ti sei dedicato agli affari, mi pare.
	I'm a lawyer, and you? You're in business, aren't you?
Antonio	Sì, lavoro per una compagnía che fábbrica computer.
	Yes, I work for a computer manufacturing company.
María	Li fai o li vendi?
	Making or selling them?
Antonio	Li vendo, lavoro nel reparto véndite. È Marco che è diventato un esperto di elettrónica. Ti ricordi di Marco, no?
	I sell them, I work in the sales department. It's Marco who became an expert in electronics. You remember Marco, don't you?
María	Come no? È lui che mi ha fatto conóscere mio marito!
	Of course I do! He's the one who introduced me to my husband.
Antonio	Davvero? Tuo marito era all'università con lui?
	Really? Was your husband at university with him?
María	No, no. Mio marito gestisce un bar, ma vanno spesso in piscina insieme e ci siamo conosciuti lì.
	No. My husband runs a bar, but they often go to the swimming pool together and we met there.
Antonio	Fammi conóscere tuo marito, e io ti presento la mia compagna. È quella che parla con Tina e Mario.
	Introduce me to your husband and I'll introduce you to my partner. She is the one talking to Tina and Mario.

> *María*   **Beníssimo. Chi è la signora con cui parla Sandro?**
> *Fine. Who is the woman Sandro is talking to?*
>
> *Antonio*   **Quella è la direttrice della nostra compagnía. Faceva un anno più di noi a scuola.**
> *She is our company manager. She was a year above us.*

62 Relative pronouns

The relative pronouns "who," "whom," "which," "that," etc., are sometimes omitted in English, but in Italian they are always expressed.

They are:

(a) **che** to translate the English "who," "whom," "which," "that," when they are not used with a preposition:

la signora che è venuta
the lady who came
gli uómini che hai conosciuto
the men (whom) you met
gli uffici che réstano aperti
the offices that stay open

(b) **cui** used after a preposition and to translate "whose":

Questa è la ditta per cui lavoro.
This is the firm I work for.
i colleghi con cui lavoro
the colleagues with whom I work
E Marco di cui conosco la moglie.
It is Marco whose wife I know.

(c) **quello che** or **ciò che** when the relative pronoun "what" in English is used with the meaning of "that which":

Faccio quello che vuoi.
   I'll do what you want.
Ciò che vedi è ciò che ho.
   What you see is what I have.
Ti do tutto quello che ho.
   I'll give you all I have.

(d) **quelli che** (plural) or **chi** (singular) to translate the English "that/ those/the one/ones/he/she/they/someone who ... "

Chi non paga non può venire.
Quelli che non págano non póssono venire.
   Those who don't pay can't come.

BUT remember that this is the only time **chi** is used as a relative pronoun. Otherwise it is only used in questions (see Chapter 2). **Chi** must NEVER be used instead of **che.**

(e) **il quale** (which also takes the forms **la quale, i quali, le quali** and combines with the prepositions **a, di, da, in, su**). It is used almost exclusively in writing and usually for emphasis or to avoid ambiguities:

il padre della signora, del quale ti ho parlato
   the woman's husband, about whom I spoke to you
questi colleghi, ai quali non parlo
   these colleagues, to whom I don't talk

Exercise 83

Read Conversation A carefully again, then answer these questions using complete sentences:

1 Cosa fa il marito di María?
2 Qual è la compagna di Antonio?
3 Chi è Marco?
4 Che cosa fa Antonio?
5 È Marco che fa l'avvocato?

Exercise 84

Complete these sentences using the correct form of the relative pronouns **che, cui, quello che, quelli che, chi, il/la quale**:

1 Quella signora ... parla con María è la mia segretaria.
2 Questa è la Borsa di Milano di ... ti ho parlato.
3 Molti degli uffici in ... lavoriamo sono al primo piano.
4 Mi dice sempre ... vuole.
5 ... non stúdiano non pássano gli esami.
6 Lo stipendio ... riceviamo è mínimo.
7 Per favore mi potete mandare tutto ... avete preparato?
8 La ragazza di Antonio, con ... non parlo più, è simpática invece.
9 Questo è l'albergo in ... siamo stati durante le vacanze.
10 ... non ha visto Roma non conosce l'Italia.

CHOOSING FORM OF ADDRESS

CONVERSATION B

Tony is asking Luisa when she uses *tu* and when she uses *Lei*.

Tony   Dimmi Luisa, tu a chi dai del tu e a chi del Lei?
Tell me, Luisa, who do you use tu with and who do you use Lei with?

Luisa   Dunque, io do del tu a tutti i gióvani della mia età e naturalmente ai miei parenti, anche a quelli più anziani.
Well, I use tu with all young people of my age and, of course, with my relatives, even elderly ones.

Tony   E io a chi potrei dare del Lei?
What about me? Who should I use Lei with?

Luisa   Fa' come me. Da' del tu a tutti eccetto alle persone che non conosci e che sono decisamente più vecchie di te.
Do what I do. Use tu with everybody except people whom you don't know and who are definitely older than you.

Tony   Per esempio, il giornalaio ti ha dato del tu, ma tu gli hai dato del Lei. Come mai?
For instance, the man at the newsstand used tu with you, but you used Lei with him. Why?

Luisa   Il giornalaio mi conosce da quand'ero bambina, ma io, essendo più gióvane, devo dargli del Lei.
The man at the newsstand has known me since I was a child, but, being younger, I must use Lei with him.

Tony Ho capito. Allora io posso dare del tu alla cameriera della mensa che ha più o meno la mia età?
*I understand. So can I use **tu** with the canteen waitress who is roughly my age?*

Luisa Beh, dipende. Se ti dà del tu, dalle del tu, altrimenti no.
*That depends on whether she uses **tu** with you. If she does, you do the same; otherwise you don't.*

Tony Mi pare una cosa un po' delicata!
It all seems rather tricky!

Luisa Sì, è una questione un po' personale. Sta' attento, se non sei sicuro usa il Lei.
*Yes, it is quite a personal thing. Be careful, and if in doubt, use **Lei**.*

Exercise 85

Read Conversation B very carefully, then answer these questions, using a full sentence whenever possible:

1 A chi dà del tu Luisa?
2 Perchè le dà del tu il giornalaio?
3 A chi potrebbe dar del tu Tony?
4 A chi dovrebbe dare del Lei?
5 Luisa dà del Lei a Tony?

63 Irregular verbs: imperatives of "andare," "dire," "fare"

	andare (to go)	dire (to say)	fare (to do)
(tu)	va'!	di'!	fa'!
(Lei)	vada!	dica!	faccia!
(noi)	andiamo!	diciamo!	facciamo!
(voi)	andate!	dite!	fate!

Examples:

Signora, vada all'ufficio passaporti!
Please go to the passport office, madam!
Fátelo adesso, ragazzi!
Do it now, boys!
Mi dica la verità, signor Rossi!
Mr. Rossi, tell me the truth!

64 Shortened imperative forms followed by pronouns

When **da'**, **di'**, **fa'**, **sta'**, and **va'** – shortened imperative forms – are used with a pronoun, the initial consonant of the pronoun is doubled (except for **gli**):

Dacci oggi il nostro pane quotidiano.
Give us our daily bread.
Dille la verità!
Tell her the truth.
Fammi un favore!
Do me a favor.
Stacci almeno un'ora!
Stay there at least an hour.
Valli a trovare in agosto!
Go and visit them in August.

Note that **ci** means "there" as well as "us"' and "to us." Note also that **andare a trovare** means "to pay a visit to."

Exercise 86

Change these imperatives from the **lei** *to the* **tu** *form:*

Example:

Mi faccia un favore! *Fammi* un favore!

1 Mi dia quell'indirizzo!
2 Le faccia vedere l'ufficio!
3 Ci dica la verità!
4 La vada a trovare domani!
5 Mi dia del tu!
6 Ci stia un po' di più!
7 Le faccia il biglietto!
8 Mi dica chi è!
9 Gli faccia una fotografia!
10 Mi dia la mano!

CURRENT AFFAIRS

CONVERSATION C

Il programma d'attualità
The current affairs show

Peter and his landlady are discussing a current affairs show they have just watched on television.

Peter Se ho capito bene la lira sta salendo.
If I understood correctly, the lira is going up.

Landlady Sì, certo che, considerando il costo della vita, probabilmente tutto rimane lo stesso.
Yes, it is. But if you look at the cost of living, it is all likely to stay the same.

Peter Ma il Presidente del Consiglio ha spiegato che se gli stipendi non auméntano, anche i prezzi réstano uguali.
But the Prime Minister explained that if wages don't go up, prices will stay the same too.

Landlady Mah! I sindacati stanno discutendo proprio adesso un aumento del sette per cento.
Who knows! The unions are discussing a 7 percent pay rise at the moment.

Peter Secondo Lei i sindacati avrébbero torto?
Would you say that the unions are wrong?

Landlady No, ma gli stipendi dovrébbero restare al di sotto dell 'inflazione .
No, I would not, but wages ought to stay below inflation.

Peter L'inflazione è più bassa in Italia che in America, vero?
Inflation is lower in Italy than in America, isn't it?

Landlady Sì, al momento sì. Ma ha visto che c'è lo sciópero dei treni domani?
At the moment it is. But did you see that there is a train strike tomorrow?

Peter Di tutti i mezzi di trasporto, mi pare. Di sólito quanto dúrano questi scióperi?
An all-out transport strike, I think. How long are these strikes usually?

Landlady Lo sciópero generale di sólito dura solo ventiquattr'ore.
A general strike usually lasts only 24 hours.

Peter Meno male! Perchè vorrei andare via per il weekend. Ma, a dir la verità, io sono d'accordo con i ferrovieri.
Thank goodness for that! Because I'd like to go away for the weekend. But, quite frankly, I agree with the rail workers.

Landlady Ah si? E perchè?
You do, do you? Why?

Peter Il loro portavoce ha detto che fanno sciópero perchè préndono solo in media uno stipendio di un milione al mese. Non è molto.
Their spokesman said that they are striking because they get an average of one million a month. That's not much.

Landlady Vedo che Lei è di sinistra. Come mio figlio. Io sono democristiana, invece.
I see that you are left-wing. Like my son. While I am a Christian Democrat.

Peter In un certo senso sì, in America voto democrático. I democristiani sono di destra, allora?
In a way, yes. In America I vote democratic. The Christian Democrats are right-wing, then?

Landlady No, la Democrazía Cristiana è il partito di centro. Ma il Presidente del Consiglio è socialista, perchè c'è al governo una coalizione adesso.
No, the Christian Democratic Party is a center party. But the Prime Minister is a Socialist, because now there is a coalition in government.

Exercise 87

Read Conversation C carefully, check all the new expressions, then try and answer these questions without looking at the text:

1 La Democrazía Cristiana è un partito di sinistra?
2 La signora è di destra?
3 Perchè fanno sciópero i ferrovieri?
4 Il costo della vita sta salendo in Italia?
5 Di che cosa stanno parlando Peter e la signora?

65 Gerund

In Italian the gerund (like the English "-ing" form: "smoking," "writing," etc.) is formed by removing the ending **-o** from the first person of the present and adding **-ando** (with **-are** verbs) or **-endo** (with **-ere** and **-ire** verbs):

parlare   **vedere**   **uscire**

parlando (speaking) **vedendo** (seeing) **uscendo** (going out)

Note that the endings of the gerund are never irregular, but with verbs like **bere**, **dire**, etc., remember that the stem comes from the first person of the present and not from the infinitive:

bere	**(io bevo)**	**bevendo**
dire	**(io dico)**	**dicendo**
fare	**(io faccio)**	**facendo**

Examples:

Camminando in fretta sono arrivata in cinque minuti.
   By walking fast I arrived in 5 minutes.
Uscendo ho visto Paola.
   (While I was) going out I saw Paola.

Note that the gerund in Italian must be used without a preposition. When it is necessary to use a preposition, then you must use an infinitive and not a gerund (see Chapter 8 Section 56).

Note also that in Italian you cannot use a gerund instead of a relative clause or as a noun:

Fumare fa male. *Smoking is harmful.*
la ragazza che parla con lui *the girl (who is) talking with him*

66 Continuous present and imperfect

If you want to say that you are or were doing something, you sometimes use the continuous present or imperfect tenses in Italian.

These are formed by the present or imperfect of **stare** (not **éssere**) followed by the gerund:

sto mangiando I am eating	**stavo mangiando** I was eating
stai	**stavi**
sta	**stava**
stiamo	**stavamo**
state	**stavate**
stanno	**stávano**

But continuous tenses are much less commonly used in Italian than in English. As a general rule you would only need to use them to emphasize what you are doing *at a precise moment:*

Non può venire adesso, sta mangiando.
   He can't come now, he's eating.
Stiamo partendo proprio adesso.
   We are leaving this very minute.
Stavo uscendo e proprio allora ha suonato il teléfono.
   I was going out and just then the phone rang.

180

Note that object pronouns can be put either before **stare** or at the end of the gerund:

La sto guardando.
Or: **Sto guardándola.**
I am looking at her.

Exercise 88

Complete the following sentences by adding the gerund of the verbs given in parentheses:

1 María e Giovanni stávano (guardare) la partita alla televisione.
2 (studiare) i verbi ho imparato a parlare meglio.
3 (léggere) il giornale seguo le notizie d'attualità.
4 Ho visto il suo vestito (méttere) via la roba.
5 Aspetta, non vedi che l'ascensore sta (venire).
6 Ha fatto i soldi (véndere) frutta e verdura al mercato.
7 Non posso venire al bar, il treno sta (arrivare) proprio adesso.
8 Abbiamo passato la serata (discútere) di política.
9 (fare) colazione al bar arrivo in ufficio presto.
10 Che cosa ti stávano (dire)?

---

67 Use of "stare per ... "

When you want to say that something is "about to" or "going to" happen, in Italian you use **stare per** ... followed by an infinitive:

Fammi sedere! Sto per svenire.
Let me sit down! I am going to faint.
Il treno sta per fermarsi.
The train is about to stop.

68 Irregular verb: "eléggere"

eléggere (to elect)

Perfect tense: **ho** *eletto*

69 Negative pronouns and adverbs

In Italian all negative pronouns like **niente** (nothing),
nessuno (nobody), **mai** (never), **neanche** (neither, not even),
nè … nè (neither … nor), etc., require **non** before the verb:

Non conosco nessuno a Roma.
   I don't know anybody in Rome.
Non siete mai andati al Vaticano?
   Have you never been to the Vatican?
Non mangio nè carne nè pesce.
   I eat neither meat nor fish.
Non ci credo neanch'io.
   I don't believe it either.

Note that in Italian you can use two or more negatives in
the same sentence:

Non mangia mai niente a colazione.
   He never eats anything for breakfast.

BUT if the negative pronoun is used *before* the verb, then
non is not used:

Nessuno ha visitato il castello.
   Nobody visited the castle.

70 Verbs ending in "-gliere"

The 1st person singular and the 3rd person plural of the present of these verbs and the past participle are irregular:
scégliere (to choose)

Present tense   Perfect tense

scelgo   ho scelto, etc.
scegli
sceglie
scegliamo
scegliete
scélgono

	Present tense	Perfect tense
cógliere (to pick)	colgo/cólgono	colto
sciógliere (to dissolve)	sciolgo/sciólgono	sciolto

Exercise 89

Complete these sentences using **stare per**:

Example:

Non posso chiamarlo: ... uscire.   *Sta per* uscire.

1 Non posso disturbarli: ... uscire.
2 Non posso mandarla a casa: ... dormire.
3 Non posso interrómperli: ... finire.
4 Non posso invitarlo: ... andare in vacanza.
5 Non posso disturbarle: ... coricarsi.
6 Non posso portarlo qui a pranzo: ... andare al ristorante.
7 Non posso tenerli qui: ... partire.
8 Non posso ignorarli: ... salutarmi.
9 Non posso telefonarle: ... andare a letto.
10 Non posso chiamarli: ... préndere l'áutobus.

Exercise 90

Read the following passage carefully and check the words you don't know in the vocabulary at the end of the lesson. Then translate it into English.

Lo stato italiano

L'Italia è una repúbblica dal 1946, l'anno in cui c'è stato il referendum per decídere se mantenere la monarchía o no. La monarchía ha perso e la casa di Savoia, che era la casa regnante, è andata in esilio.

La Costituzione, entrata in vigore nel 1948, stabilisce che il Presidente della Repúbblica è Capo dello Stato ma non Capo del Governo; non è eletto dal pópolo ma dai membri del Parlamento.

Il Capo del Governo è il Presidente del Consiglio, che insieme ai Ministri forma il Governo che deve ésser approvato da tutte e due le Cámere.

Il Parlamento consiste della Cámera dei Deputati che ha 630 membri e del Senato che ne ha 315. La Cámera dei Deputati e il Senato sono eletti per cinque anni, il Presidente della Repúbblica per sette anni.

Gli italiani vótano a diciotto anni per la Cámera (dei Deputati), ma póssono votare per il Senato solo all'età di venticinque anni.

I partiti polítici italiani compréndono, alla sinistra: il Partito Democrático della Sinistra (PDS), il Partito Socialista (PSI), il Partito Socialista Democrático (PSDI), il Partito dei Verdi, il Partito Radicale, il Partito Repubblicano (PRI). Al centro c'è la Democrazía Cristiana (DC) e alla destra, il Partito Liberale (PLI), il Partito Monárchico, il Movimento Sociale Italiano (MSI). Ci sono anche alcuni partiti più píccoli, regionali.

Exercise 91

*Retranslate the passage on the preceding page into Italian,
making sure that you correct any mistakes. Then answer the
following questions in full:*

1 L'Italia è diventata una Repúbblica nel 1948?
2 Il Presidente della Repúbblica è Capo del Governo?
3 Quanti deputati ci sono alla Cámera?
4 A che età vótano in Italia?
5 Il MSI è un partito di sinistra?

71 Spelling and acronyms

Acronyms

Most acronyms (like **CIT** or **FIAT**) are read like ordinary
words. But with some, the letters have to be read one by one.
The initials of some of the political parties mentioned on the
preceding page are read as follows:

DC la Dicí
PCI il Picí
MSI il Mis

All the others in the passage are read letter by letter.

Spelling

If you want to read less commonly used acronyms, or if you
need to spell your name in Italy, this is how you will read
the letters of the alphabet:

A	a	H	acca
B	bi	I	i
C	cl	J	iota [i lunga]
D	di	K	kappa
E	e	L	elle
F	effe	M	emme
G	gi	N	enne

O	o	U	u
P	pi	V	vi
Q	qu	W	doppio vi [doppio vu]
R	erre	X	ics
S	esse	Y	ípsilon
T	ti	Z	zeta

Note that J, K, W, X, and Y are not part of the Italian alphabet.

When spelling out foreign words over the telephone in Italy, you must give each letter followed by the name of a city:

"Root": **"erre" come Roma, "o" come Otranto, "o" come Otranto, "t" come Torino.**

Exercise 92

Translate the following sentences:

1 Give me (*fam.*) the suitcases, the train is coming in!
2 Not knowing anything, I didn't speak.
3 Not having a passport, I can't leave.
4 He cannot come now because he is eating.
5 Tell me who it is! (*fam.*)
6 Go there immediately! (*fam.*)
7 I never choose the seat near the window.
8 It is so hot today, I am going to faint.
9 I cannot invite them, they are about to go out.
10 I did not know the people with whom you (*form.*) were staying.

KEY PHRASES & VOCABULARY

Non li vada a trovare: stanno per uscire.
Quelli che lavórano con me sono tutti molto bravi.
Dammi del tu!
Mi ha chiamata proprio mentre stavo mangiando.
Non ho mai visto nessuno neanch'io.

Vocabulary

alcuni	some, any
al di sotto	below
altrimenti	otherwise
andare a trovare	to visit, to pay a visit to
anziano	old
approvare	to approve
attento	careful
attualità (f.)	current affairs
aumento (m.)	increase
avvocato (m.)	lawyer
basso	low
Borsa (f.)	Stock Exchange
Cámera (f.)	Chamber
capo (m.)	head, boss
Capo dello Stato (m.)	Head of State
castello (m.)	castle
che	who, whom, that, which
chi	the one/ones who
chiamare	to call
ciò che	what, that which
coalizione (f.)	coalition
cógliere	to pick
come mai?	how come? why?
come no!	yes, certainly! and how!
compagna (f.)	partner, companion
compagnía (f.)	company
comunista	communist
consístere	to consist

cosa (f.)	thing
costo (m.)	cost
cui	whom, which
dare del tu/del lei	to use tu/Lei
dare la mano	to shake hands
decisamente	definitely
dedicarsi	to devote oneself
delicato	delicate
democrático	democratic
dipéndere	to depend
direttrice (f.)	director
discútere	to discuss
disturbare	to bother
diventare	to become
domani	tomorrow
eccetto	except
eléggere	to elect
elezioni(f. pl.)	elections
elettrónica (f.)	electronics
entrare in vigore	to become law
esilio (m.)	exile
esperto	expert
Estati Unitit	United States
età (f.)	age
fabbricare	to manufacture
far vedere	to show
ferroviere (m.)	train worker
formare	to form
frutta (f.)	fruit
generale	general
gestire	to run (a business)
governo (m.)	government
ignorare	to ignore
il quale	who, whom, which, that
inflazione (f.)	inflation
interrómpere	to interrupt
invece	instead, on the contrary
invitare	to invite
Italia (f.)	Italy
liberale	liberal

lista (f.)	list
mantenere	to keep
media (f.)	average
membro (m.)	member
meno male	thank goodness
mensa (f.)	refectory, canteen
mercato (m.)	market
mezzo (m.)	means
mi pare	I think
momento (m.)	moment
monarchía (f.)	monarchy
notizie (f. pl.)	news
parente (m. & f.)	relative
parlamentare	parliamentary
Parlamento (m.)	Parliament
partita (f.)	match
partito (m.), (**Partito** m.)	party, (political party)
per cento	percent
per esempio	for example
personale	personal
piscina (f.)	swimming pool
pópolo (m.)	people
portavoce (m. & f.)	spokesperson
presentare	to introduce
presidente (m. & f.)	chairperson, president
Presidente del Consiglio	Prime Minister
presto	early
probabilmente	probably
questione (f.)	matter, question
quotidiano	daily
referendum (m.)	referendum
regionale	regional
regione (f.)	region
regnante	ruling
repúbblica (f.)	republic
repubblicano	republican
restare	to stay, to remain
ricévere	to receive
riconóscere	to recognize
ricordarsi	to remember

rivedere	to see again
salire	to climb, to go up
salutare	to greet
scégliere	to choose
sciógliere	to dissolve
sciópero (*m.*)	strike
seguire	to follow
Senato (*m.*)	Senate
senatore (*m.*)	senator
sindacato (*m.*)	trade union
sistema (*m.*)	system
socialista	socialist
spiegare	to explain
stabilire	to establish, to dictate
stesso	same
stipendio (*m.*)	salary
suonare	to call
svéndita (*f.*)	sale
svenire	to faint
teléfono (*m.*)	telephone
trasporto (*m.*)	transport
treno (*m.*)	train
trovare	to find
ufficio (*m.*)	office
uguale	same, equal
vacanza (*f.*)	holiday
vecchio	old
verde	green
vita (*f.*)	life
votare	to vote
voto (*m.*)	vote

Chapter 10

In this chapter you will learn how to engage in small talk, talk about yourself, discuss your interests and your job, and exchange comments on the weather.

The grammar will include:
- future tense
- future perfect and past conditional
- disjunctive pronouns (me, te, lui, lei, noi, voi, loro, sè)
- use of prepositions a, da, di, ...
- reflexive pronouns ci, vi, si, to translate "each other"/"one another"

GETTING TO KNOW PEOPLE

CONVERSATION A

Una gita in montagna
A trip to the mountains

Tony and Jeff go on a bus trip to Monte Baldo, near Lake Garda. Tony talks to Silvana, a young nurse whom they have just met.

Silvana   **Scusate, posso sedermi qui con voi?**
        Excuse me, may I sit here with you?

Tony   **Certo signorina, si accómodi.**
        Certainly, please do.

Silvana   Grazie. Siete americani, vero?
Thank you. You are American, aren't you?

Tony   Sì, siamo di Orlando. Il lago ci piace moltíssimo e adesso vorremmo vedere un po' anche i monti vicini.
Yes, we are from Orlando. We like the lake very much and now we would like to see the mountains nearby.

Silvana   A me la montagna piace anche più del lago. Vedrete che vista stupenda c'è dalla cima!
I like the mountains even more than the lake. You will see what a marvelous view there is from the top!

Tony   Non vedo l'ora di arrivare al Monte Baldo! Quanto ci vorrà ancora?
I can't wait to get there! How long will it take?

Silvana   Mi hanno detto che arriveremo verso le úndici. E poi dovremo fare una bella camminata di circa due ore.
We'll arrive towards 11, they told me. Then we'll have a good two-hour walk.

Tony   Noi non siamo abituati alle montagne in Florida. Sarà difficile questa camminata fino alla cima?
We are not used to mountains in Florida. Will it be hard, this walk to the top?

Silvana   No, sono sicura di no. Neanch'io sono molto abituata alle camminate. Lavoro a Milano tutto l'anno e coi turni che faccio ho poco tempo per gli svaghi!
No, I am sure it won't. I'm not used to walking either. I work in Milan all year round and, given the hours on duty, I have little leisure time.

Tony   Proprio come noi. Lavoriamo in un ospedale e spesso siamo di turno anche al sábato e alla doménica.
It's the same with us. We work in a hospital and we are often on duty even Saturdays and Sundays.

Silvana   **Ma guarda che coincidenza! Io faccio l'infermiera al Policlínico di Milano.**
What a coincidence! I am a nurse at Milan General Hospital.

Tony   **Siamo infermieri anche noi ...**
We are nurses too ...

72 Future tense

The future tense is formed in a similar way to the conditional (see Chapter 5 Section 34), by removing the **-e** of the infinitive and adding **o, ai, a, emo, ete, anno**, and by changing the **-a** of **-are** into **-e**:

parlare	préndere	finire
parlerò	prenderò	finirò
parlerai	prenderai	finirai
parlerà	prenderà	finirà
parleremo	prenderemo	finiremo
parlerete	prenderete	finirete
parleranno	prenderanno	finiranno

The immediate future in Italian is often expressed by the present tense, but when you want to talk about a more distant or unknown future or express uncertainty, you must use the future tense. Examples:

Véngono domani.
They are coming tomorrow. [I am sure of it.]

but:

Verranno domani.
They will (probably) come tomorrow. [I am not sure.]
Chi vincerà le próssime elezioni?
Who will win the next elections? [We don't know the outcome.]

73 Irregular future and conditional tenses

Note that with the future, as with the conditional, a number of verbs have special stems:

(a) some verbs, and their compounds, have a contracted stem:

andare	andrò (I will go)	andrei (I would go)
avere	avrò (I will have)	avrei (I would have)
bere	berrò (I will drink)	berrei (I would drink)
cadere	cadrò (I will fall)	cadrei (I would fall)
dovere	dovrò (I will have to)	dovrei (I would have to)
éssere	sarò (I will be)	sarei (I would be)
potere	potrò (I will be able to)	potrei (I could)
sapere	saprò (I will know)	saprei (I would know)
tenere	terrò (I will keep)	terrei (I would keep)
vedere	vedrò (I will see)	vedrei (I would see)
venire	verrò (I will come)	verrei (I would come)
vívere	vivrò (I will live)	vivrei (I would live)

(b) verbs ending in **-care** and **-gare** insert an **h** following the **-c** and **-g** of the stem (i.e. they keep the hard **c** and **g** sounds):

cercare	cercherò (I will seek)	cercherei (I would seek)
pagare	pagherò (I will pay)	pagherei (I would pay)

(c) verbs ending in **-ciare**, **-giare**, **-sciare**, drop the **i** of the stem:

cominciare	**comincerò**	**comincerei**
	(I will start)	(I would start)
mangiare	**mangerò**	**mangerei**
	(I will eat)	(I would eat)
lasciare	**lascerò**	**lascerei**
	(I will leave)	(I would leave)

(d) some verbs ending in **-are** keep the characteristic vowel of the stem:

dare	**darò**	**darei**
	(I will give)	(I would give)
fare	**farò**	**farei**
	(I will do)	(I would do)
stare	**starò**	**starei**
	(I will stay)	(I would stay)

Exercise 93

Read Conversation A carefully, then answer these questions in full:

1 Dove vanno in gita Jeff, Tony e Silvana?
2 Dovranno camminare molto?
3 A che ora arriveranno al Monte Baldo?
4 Che cosa fa Silvana?
5 Dove lavórano tutti e tre?

Exercise 94

Answer these questions using the expression **prima o poi** *(sooner or later) and the future tense:*

Example:
Vuole cominciare oggi? Prima o poi *comincerò.*

1 Vuole venire oggi?
2 Vuole pagare oggi?
3 Vuole ballare oggi?
4 Vuole andare oggi?
5 Vuole giocare oggi?
6 Vuole scégliere oggi?
7 Vuole finire oggi?
8 Vuole ordinare oggi?
9 Vuole ritornare oggi?
10 Vuole studiare oggi?

Exercise 95

Change these sentences by adding **magari** *("perhaps," "maybe") and the future tense:*

Example:
Vado da sola.   Magari andrò da sola.
(I am going alone.)   *(Perhaps I'll go alone.)*

1 Véngono a piedi.
2 Possiamo dormire in tenda.
3 Portate voi qualcosa da mangiare.
4 Usciamo più tardi.
5 Fa più bella figura.
6 Non gli danno la mancia.
7 Ci aspéttano all'altra fermata.
8 Canto un'altra aria.
9 Paghi tutto insieme.
10 Gestisce lui il ristorante.

74 Future perfect and past conditional

The future perfect ("I will have done") and the past conditional in Italian are formed with the future or conditional of **avere** and **éssere** plus the past participle of the main verb:

Future perfect

avrò	parlato	sarò	andato/a
avrai		sarai	
avrà		sarà	
avremo		saremo	andati/e
avrete		sarete	
avranno		saranno	

Past conditional

avrei	parlato	sarei	andato/a
avresti		saresti	
avrebbe		sarebbe	
avremmo		saremmo	andati/e
avreste		sareste	
avrébbero		sarébbero	

Fra due ore saranno arrivati sulla cima.
In two hours they will have got to the top.

Note that the future perfect also expresses probability in the past:

Non hai passato l'esame? Avrai studiato ben poco!
Haven't you passed the exam? You must have studied very little!

The past conditional in Italian is used whenever there is a past tense in the main part of the sentence:

Mi ha detto che sarebbe venuto.
He told me that he would come.

JOBS AND INTERESTS

CONVERSATION B

Tony and Jeff have made friends with Silvana and are
now discussing jobs and interests with her. Tony does all
the talking because Jeff cannot speak much Italian yet.

Silvana **Da quanto tempo lavorate in ospedale?**
How long have you been working at the hospital?

Tony **Io da tre anni, ma Jeff da due. A me il
lavoro piace, e a te?**
*Three years, but Jeff for two. I like my job, do
you?*

Silvana **Sì, mi piace, ma è un po' duro. Lavoro
quattro o anche cinque turni di dódici
ore alla settimana!**
*Yes I do, but it is a little hard. I do four or five twelve
hour duties per week.*

Tony **Per noi è difficile perchè non abbiamo sempre
gli stessi turni e così certe settimane ci vediamo
sì e no.**
*It is difficult for us because we are not always on
duty at the same time, so some weeks we hardly see
each other.*

Silvana **Vivete insieme?**
Do you live together?

Tony **Sì, da un anno. Purtroppo noi abbiamo poco
tempo per altri interessi. E tu?**
*Yes, we have lived together for a year. Unfortunately,
we don't have much time for other interests.
And you?*

Silvana	Mi piace andare a cavallo, ma costa caro a Milano. Mi piace anche andare al cínema.
	I enjoy riding, but it is expensive in Milan.
	I like going to the movies, too.
Tony	Io faccio collezione di francobolli, ma a Jeff piácciono cose più artístiche. Va a teatro e al cínema come te.
	I collect stamps, but Jeff likes more artistic things.
	He goes to the theater and the movies, like you.

Exercise 96

Read Conversation B carefully, then answer the following questions in full:

1 Da quanto tempo lavórano Tony e Jeff in ospedale?
2 Quanti turni fa Silvana alla settimana?
3 Perchè Tony e Jeff si védono sì e no certe settimane?
4 A Silvana piace andare a cavallo?
5 Che cosa piace a Tony?

75 Each other/one another

In Italian you use the reflexive pronouns **ci, vi, si,** to translate "each other" or "one another":

Ci conosciamo.
   We know each other.
Si parlano.
   They speak to one another.
Vi telefonate spesso?
   Do you call each other often?
Si danno del tu.
   *They use **tu** with each other.*

76 Use of prepositions "a," "da," "di"

This is a summary of uses of the prepositions **a**, **da**, and **di**, most of which you have already seen.

The preposition **a** is used:

(a) to translate the English "to":

Parlo a María.
   I speak to Mary.
Vado a Roma.
   I go to Rome.

(b) to translate the English "at" or "in" to indicate place (except with names of countries):

Ábito a Milano.
   I live in Milan.
Sto a casa.
   I stay at home.

BUT with names of countries you use **in**:

Vivo in Italia.
   I live in Italy.

(c) to translate the English "at" with expressions of time:

Arrivo alle due.
   I am arriving at two o'clock.
a notte alta
   at nightfall

(d) to express means or manner:

Giochiamo a tennis.
   We play tennis.
Vado a piedi.
   I am going on foot.
Lavo tutto a mano.
   I wash everything by hand.

(e) with expressions of distance and price:

Costa tremila lire al chilo.
It costs 3,000 lire a kilo.
Milano è a trecento chilómetri da Venezia.
Milan is 300 km from Venice.

(f) with descriptive expressions:

una trota alla griglia
a grilled trout
un vestito a righe
a striped dress

(g) with other prepositions like: **vicino a** (near), **insieme a** (together with), **in cima a** (on top of), **davanti a** (in front of), **fino a** (as far as), **di fronte a** (opposite), **in mezzo a** (in the middle of), etc.

The preposition **da** is used:

(a) to translate the English "from":

Il treno parte da Génova.
The train comes from Genoa.
Sono lontano da casa.
I am far from home.

(b) to translate the English "by":

Vivo da sola.
I live by myself.
È curato dal médico.
He is cured by the doctor.

(c) to translate the English "as" in time expressions:

da bambina
as a child
da gióvane
as a young person

(d) to translate the English "for" to express uninterrupted time:

Ábito a Roma da due mesi.
I have lived in Rome for two months.
Studio da tre mesi.
I have been studying for three months.
E morto da un anno.
He has been dead a year.

Note that in these expressions you must use the present tense in Italian.

(e) to translate the English "to" or "at the house/office/shop of":

Vado dal giornalaio.
I am going to the newsstand.
Vieni da me?
Are you coming to my place?
Ti fermi da Mario?
Are you staying at Mario's?

(f) to describe inherent physical characteristics or quality:

una tazza da tè
a teacup
un francobollo da trecento lire
a 300 lire stamp
È roba da pazzi!
It's sheer lunacy!

(g) to express purpose:

Ho molto da fare.
I have a lot to do.
Vorrei qualcosa da léggere.
I'd like something to read.

The preposition **di** is used:

(a) to translate the English "of" or "s" (see Chapter 2):

un albergo pieno di turisti
  a hotel full of tourists
la divisa di un infermiere
  a nurse's uniform

(b) to indicate origin:

Sono di Verona.
  I am from [i. e. was born in] Verona.

(c) with comparatives (see Chapter 8):

Il Monte Bianco è più alto del Monte Baldo.
  Mont Blanc is higher than Monte Baldo.

(d) to describe the material of which something is made:

una camicia di cotone
  a cotton shirt
una scátola di legno
  a wooden box

(e) in certain idiomatic expressions:

Mi pare di sì.
  I think so.
Dice di no.
  He says no.
niente di nuovo
  nothing new

(f) with other prepositions like: **a fianco di** (at the side of), **prima di** (before), **a causa di** (because of), etc.

Exercise 97

Complete the following questions with the correct preposition:

Example:
La banca è davanti … la farmacía.
    La banca è davanti *alla* farmacía.
(The bank is in front of the pharmacy.)

1 Giovanni mi ha detto … sì.
2 Domani forse andremo … María.
3 Ho comprato una camicia … seta.
4 Lavora all'ospedale … un anno.
5 Silvana è … Milano.
6 Il giornalaio è di fronte … la banca.
7 Oggi giochiamo … calcio.
8 L'áutobus arriva … le due.
9 Hai molto … fare?
10 Il suo ufficio è … duecento metri … biblioteca.

THE WEATHER

CONVERSATION C

Una gita a Cortina
A trip to Cortina

Peter and Luisa are planning to go skiing.

Peter   **Hai gli scarponi da sci?**
Have you got ski boots?

Luisa   **No, pensavo di prénderli a noleggio, con gli sci.**
No, I thought of renting them, with the skis.

Peter   **Io li ho presi in préstito da Gianni. Ma c'è un negozio che li dà a nolo per tremila lire al giorno.**
I borrowed them from Gianni. But there is a shop that rents them for 3,000 lire a day.

Luisa   **Dov'è? È quello dietro all'ostello?**
Where is it? Is it the one behind the hostel?

Peter   **No, è di fianco alla Posta. Ma hai visto che piove?**
No, it's next to the post office. But have you noticed that it is raining?

Luisa   **Allora non possiamo sciare se fa così brutto tempo.**
Then we cannot ski if the weather is so bad.

Peter   **Magari a Cortina ci sarà il sole, perchè non ci andiamo lo stesso?**
Perhaps in Cortina it's sunny. Why don't we go all the same?

Luisa   **D'accordo, se fa brutto tempo anche lì, ci fermeremo in quel bel ristorante sopra alla funivía.**
All right, if the weather is bad there, we can stop at that nice restaurant at the top of the cable car.

Peter   **Prendo la mácchina dal garage e ci troviamo di fronte a casa tua.**
I'll get the car from the garage and we'll meet opposite your house.

Exercise 98

Read Conversation C very carefully, then answer the following questions in full:

1 Da chi ha preso in préstito gli scarponi Peter?
2 Dove danno sci a nolo?
3 Che tempo fa adesso?
4 Se fa brutto tempo a Cortina cosa faranno?
5 Dove si tróvano Peter e Luisa?

77 Use of disjunctive pronouns

These are the disjunctive pronouns in Italian:

me	me
te	you *(sing.)*
lei	her
Lei	you *(formal)*
lui	him
noi	us
voi	you *(pl.)*
loro	them
sè	himself/herself/themselves/oneself

They are used:

(a) after a preposition:

Vado con lui.	*I am going with him.*
Lavora per sè.	*He/She works for himself/herself.*

(b) in exclamations:

Póvera me!	*Poor me!*
Beati voi!	*Lucky you!*

(c) in comparisons:

Sono più vecchio di te.
   I am older than you.

(d) instead of direct or indirect object pronouns for emphasis or when there are two objects:

Parla a me non a voi.
   He is speaking to me, not to you.
Carlo chiama me, non te.
   Charles is calling me, not you.
A me il teatro non piace.
   I (emphatic) *don't like the theater.*
Imposterà lui la léttera.
   He (emphatic) *will mail the letter.*

Exercise 99

Change the words in parentheses into the appropriate disjunctive pronouns:

Examples:

Parlo a (María) non a (Enzo).   Parlo a *lei* non a *lui*.
(Mi) teléfona davvero?   Teléfona davvero *a me*?

1   (Gli) scriverai davvero?
2   Guardo (il bambino) non (la madre).
3   (Ci) parla, ma non a nessun altro.
4   Siete sicuri che (vi) scriverà?
5   C'è molta gente prima di (Mario).
6   (Le) manderai solo un regalo?
7   Párlano spesso di (Carlo e Marina).
8   Fa tutto da (solo).
9   Andiamo a cavallo con (le ragazze).
10 (Mi) invítano proprio?

Exercise 100

Translate the following sentences:

1 We will write to you *(pl.)* soon.
2 We have known each other for three years.
3 They bought a silk tie for their father.
4 I work as a nurse in Florence.
5 Do you *(fam.)* have a lot to do?
6 I want to see you *(fam.)*, not your girlfriend!
7 I will start studying next week.
8 They went to Maria's for supper.
9 Lucky you *(form.)*!
10 The hospital is across from the bank.

KEY PHRASES & VOCABULARY

Giocheremo a tennis.
Non avranno voluto restare da lei.
Il negozio è dietro alla banca.
Forse domani farà bel tempo.

Vocabulary

a causa di	because of
a fianco di	at the side of, next to
aiuto (m.)	help
alto	high, tall
aria (f.)	air, tune
artístico	artistic
assegno (m.)	check
beato	lucky (in exclamations), blessed
biblioteca (f.)	library
blusa (f.)	blouse
camminata a	walk
cantare	to sing
cavallo (m.)	horse
cercare	to look for
chilómetro (m.)	kilometer
cínema (m.)	movies
circa	about, approximately
coincidenza (f.)	coincidence
collezione (f.)	collection
cotone (m.)	cotton
curare	to cure
dietro a	behind
di fronte a	opposite
di turno	on duty
divisa (f.)	uniform
duro	hard
éssere abituato a	to be used to
fare bella figura	to look well
fare conoscenza	getting acquainted
farmacía (f.)	pharmacy

fermata (*f.*)	stop
fino a	as far as
francobollo (*m.*)	stamp
funivía (*f.*)	cable car
gente (*f.*)	people
gita (*f.*)	trip
guida (*f.*)	guide
in cima a	on top of
infermiere/a	nurse
insieme a	together with
legno (*m.*)	wood
lì	there
magari	perhaps, maybe
médico (*m.*)	doctor
montagna (*f.*)	mountain
monte (*m.*)	mount, mountain
morire	to die
morto	dead
noleggio, nolo (*m.*)	hire
non vedér l'ora di	to look forward to
ordinare	to order
pazzo	mad
piedi (*m. pl.*)	feet
Policlínico	General Hospital
posta (*f.*)	mail/post office
póvero	poor
préndere in préstito	to borrow
prestare	to lend
préstito (*m.*)	loan
prima di	before
riga (*f.*)	stripe, line
scarponi (*m. pl.*)	boots
scátola (*f.*)	box
sci (*m. pl.*)	skis
sciare	to ski
seta (*f.*)	silk
sì e no	hardly
svago (*m.*)	pastime
turno (*m.*)	duty, shift
ufficio postale (*m.*)	post office

Key to exercises

In this key we have printed *only* the accents that are normally printed in modern Italian. We have not printed the acute accents that are included in the rest of the course to show you where words are stressed. Remember that these are not normally printed in Italian and you should not get into the habit of writing them yourself.

CHAPTER I

Exercise 1: 1 Si, è americana. 2 No, è italiano. 3 Sì, è libera. 4 Sì, è americano. 5 Sì, è inglese. 6 Sì, è italiana. 7 No, è americana. 8 Si, è italiano. 9 Si, è singola. 10 No, è singola.

Exercise 2: 1 Non sono di Verona. 2 Sandro Bianchi non ha una bella casa. 3 L'albergo non è pieno. 4 La signorina non lavora in un albergo. 5 Non parlate bene l'italiano?

Exercise 3: 1 Questo è lo Zoo. 2 Parliamo bene l'italiano. 3 Il marito di Mary è inglese. 4 Rita è la moglie di Sandro. 5 Ascolto l'opera alla Scala. 6 La signora è italiana. 7 L'albergo è molto comodo. 8 Questa è la camera singola. 9 Ecco la chiave. 10 Ecco il passaporto.

Exercise 4: 1 No, è inglese. 2 Si chiama Mary. 3 Abita a Venezia. 4 Sono di Milano. 5 Sandro lavora a Venezia. 6 Sì, lavora in un albergo. 7 Sì, è una commessa. 8 No, lavora a New York City. 9 Mary è insegnante. 10 Sì, Mary e John abitano in una casa con giardino.

Exercise 5: 1 Abito a Milano. 2 Lavora a Venezia? 3 Dove abita? 4 Sono una commessa. 5 Rita Rossi parla italiano. 6 Abitiamo a Pavia e lavoriamo a Milano. 7 San Francisco è bella. 8 Avete il passaporto americano? 9 Di dove siete? 10 sono americano.

CHAPTER 2

Exercise 6: 1 No, è un po' piccola. 2 È in fondo al corridoio
a destra. 3 Sì. 4 Nello sgabuzzino. 5 È vicino alla cucina.

Exercise 7: 1 Queste sono le mie camere. 2 I bagni sono
occupati. 3 Lavoriamo per la nostra compagnia. 4 Gli studenti
americani studiano molto. 5 Le sue valigie sono vuote.
6 I pasti cominciano dopo le nove. 7 I nostri pensionanti
parlano bene le lingue. 8 Le signore arrivano con le figlie.
9 Se le porte sono aperte noi entriamo. 10 Gli appartamenti
al primo piano sono spaziosi.

Exercise 8: 1 Ha tre camere. 2 È al quarto piano. 3 Va a casa di
María. 4 No, vive in periferia. 5 Sì, c'è la metropolitana vicino.

Exercise 9:

... abito in periferia.
... c'è la metropolitana vicino.
... una casa piccola con un giardino grande.
... una cucina grande.
... due camere da letto e un bagno.
... è abbastanza vicino.

Exercise 10: 1 vive 2 dormono 3 prendiamo 4 sentite 5 apri
6 vedete 7 vestono 8 sentite 9 mette 10 conosciamo

Exercise 11: 1 i suoi 2 Il suo 3 la loro 4 i vostri 5 i miei
6 tua 7 la nostra 8 mio 9 le Sue 10 le vostre

Exercise 12: 1 Sì, ha bambini. 2 No. L'affitto del garage è
extra. 3 No. Ha la biancheria. 4 È in Piazza Indipendenza.
5 Sì, c'è tutto il necessario .

Exercise 13: 1 È del signor Rossi. 2 È degli studenti.
3 È del mio amico. 4 È della signora Rossi. 5 È dei bambini.

Exercise 14: 1 allo 2 al 3 alla 4 ai 5 alle 6 all' 7 agli

Exercise 15: 1 Troviamo gli appartamenti ammobiliati sui
giornali. 2 Le figlie delle signore vivono con i loro ragazzi.
3 Non vediamo la differenza tra queste case e le altre. 4 Le
chiavi delle porte sono dalle portinaie. 5 Gli inquilini
prendono le cartoline dalle cassette delle lettere.

Exercise 16: 1 Metto la mia macchina in garage. 2 Parto per l'ufficio da solo. 3 Scrivi a tua sorella oggi?/Scrive a Sua sorella oggi? 4 Suo fratello vive qui? 5 Sente molto rumore nella strada affollata.

Exercise 17: 1 María vive con suo padre a Roma. 2 Il mio appartamento è vicino al centro di Milano. 3 Di chi è questa camera? È dei bambini. 4 La loro cucina è piccola. 5 Dove abitate, in un appartamento o in una casa?

CHAPTER 3

Exercise 18: 1 Va alla CIT. 2 Desidera una cartina di Roma. 3 Dal tabaccaio o dal giornalaio. 4 Per settantacinque minuti. 5 Costa settecentocinquanta lire.

Exercise 19: 1 Quella cartina è gratis. 2 Quell'autobus è affollato. 3 Quel treno è veloce. 4 Quello scompartimento è riservato. 5 Partite con quegli amici di Emma? 6 Porti quelle valigie in stazione? 7 Quei biglietti sono di andata e ritorno. 8 Quegli orari sono giusti. 9 Parti con quell'aereo? 10 Sono liberi quei posti?

Exercise 20: 1 Questo è il mio posto. 2 Questi biglietti sono validi per tre ore. 3 Questi sono i miei ospiti italiani. 4 Prendiamo quel treno. 5 È quella la fermata? 6 Quei bambini sono americani 7 Viaggiamo su quell'autobus. 8 Quelle sono le mie valigie. 9 Quello sportello è aperto. 10 Questa è la stazione.

Exercise 21: 1 Va in Piazza Navona. 2 Sono le undici e mezzo. 3 A mezzogiorno. 4 Ci vuole circa un quarto d'ora. 5 Il venticinque.

Exercise 22: 1 Sono le due e mezzo. 2 Sono le tre. 3 Sono le ventuno. 4 Sono le dodici e quindici/È mezzogiorno e un quarto. 5 È mezzanotte/ Sono le ventiquattro. 6 Sono le quattro e tre quarti/Sono le cinque meno un quarto. 7 Sono le otto e trentacinque. 8 È l'una e mezzo. 9 Sono le due e cinquanta/Sono le tre meno dieci. 10 Sono le sette e dieci.

Exercise 23: 1 A che ora parte l'autobus? Alle sei. 2 A che ora parte l'aereo? Alle sette e trenta. 3 A che ora parte il treno? Alle ventidue e trenta. 4 A che ora arriva il treno? Alle diciassette e venticinque. 5 A che ora arriva l'autobus? Alle tredici e quindici.

Exercise 24: 1 È andato alla stazione. 2 Perchè il treno è partito in ritardo. 3 È partita da Siena. 4 Ha prenotato il ristorante. 5 Ha preparato la camera per Luisa.

Exercise 25: 1 Ieri Mario è arrivato alle tre. 2 Ieri il treno è partito alle nove. 3 Ieri l'autobus è arrivato in ritardo. 4 Ieri Maria è partita con il treno. 5 Ieri i signori Bianchi sono arrivati alle due. 6 Ieri le valigie sono cadute per terra. 7 Ieri la signorina è andata in macchina. 8 Ieri noi siamo partite all'una. 9 Ieri voi siete andati in treno? 10 Ieri i viaggiatori sono andati a prendere il taxi.

Exercise 26: 1 Un'ora fa ho guidato la macchina. 2 Un'ora fa ho mangiato il pranzo. 3 Un'ora fa María ha preparato la colazione. 4 Un'ora fa abbiamo venduto la nostra macchina. 5 Un'ora fa hanno comprato i biglietti. 6 Un'ora fa i passeggeri hanno guardato l'orario. 7 Un'ora fa hai sentito questo rumore? 8 Un'ora fa abbiamo finito il pranzo. 9 Un'ora fa abbiamo prenotato il ristorante. 10 Un'ora fa hanno portato le valigie sul treno.

Exercise 27:

– Beníssimo, grazie. Ma l'aereo è partito in ritardo da Roma. Così sono arrivato a Cagliari in ritardo.
– Alle dieci e tre quarti, ma sono partito da casa alle sette.
– No, ho preso una macchina a noleggio.
– Sì, ma ho deciso di prendere la macchina a noleggio per una settimana.
– Non ho visto il centro di Roma. Vorrei andare in tutti i posti famosi.

Exercise 28: Oggi Francesca è tornata dalla Sardegna. È arrivata in aereo, l'aereo ha fatto scalo ad Alghero e il volo è durato tre ore. È stata a Cagliari poi ha preso una macchina a noleggio ed è andata a Nuoro per due giorni, ma non ha avuto molto tempo per vedere la città. Ha firmato il contratto per il nuovo albergo. Ha visto anche il nuovo direttore. Ha fatto molto, ma la prossima volta desidera restare più a lungo.

CHAPTER 4

Exercise 29: 1 Rita vuole affittare un appartamento. 2 Non posso guardare questa lista? 3 Vorrei prenotare una camera.

4 Non possiamo pagare molto. 5 Dobbiamo partire alle nove.
6 Volete andare al campeggio? 7 Possono venire oggi.
8 Deve pagare di più. 9 Vuole stare in una pensione?
10 Se posso voglio stare a Venezia per tre giorni.

Exercise 30: 1 Devo andare più tardi. 2 Devo aspettare alla
stazione. 3 Devo vedere la mia padrona di casa.
4 Voglio venire alle tre. 5 Voglio restare all'albergo.
6 Voglio vedere i miei amici. 7 Posso venire a mezzogiorno.
8 Posso restare al campeggio. 9 Posso invitare una collega.
10 Posso pagare stasera.

Exercise 31: 1 Vuole una casetta in campagna. 2 Preferisce
abitare in campagna. 3 Sì, può trovare un appartamento non
restaurato. 4 Sì, ma deve telefonare al mattino. 5 Sì, c'è l'acqua.

Exercise 32: 1 Sì, scriva pure! 2 Sì, cominci pure! 3 Sì, finisca
pure! 4 Sì, mangi pure! 5 Sì, pulisca pure! 6 Sì, chiuda pure!
7 Sì, serva pure! 8 Sì, guardi pure! 9 Sì, parta pure!
10 Sì, entri pure!

Exercise 33: 1 Sì, scrivi pure! 2 Sì, comincia pure! 3 Sì, finisci
pure! 4 Sì, mangia pure! 5 Sì, pulisci pure! 6 Sì, chiudi pure!
7 Sì, servi pure! 8 Sì, guarda pure! 9 Sì, parti pure!
10 Sì, entra pure!

Exercise 34: 1 Scusate, dobbiamo scrivere? Sì, scrivete pure!
2 Scusate, dobbiamo cominciare? Sì, cominciate pure!
3 Scusate, dobbiamo finire? Sì, finite pure! 4 Scusate,
dobbiamo mangiare? Sì, mangiate pure! 5 Scusate, dobbiamo
pulire? Sì, pulite pure! 6 Scusate, dobbiamo chiudere? Sì,
chiudete pure! 7 Scusate, dobbiamo servire? Sì, servite pure!
8 Scusate, dobbiamo guardare? Sì, guardate pure! 9 Scusate,
dobbiamo partire? Sì, partite pure! 10 Scusate, dobbiamo
entrare? Sì, entrate pure!

Exercise 35: 1 Signorina, non chiuda la finestra, per favore!
2 Mario, non portare la mia valigia, per favore! 3 Piero, non
guardare la televisione, per favore! 4 Signorina, non prenda
la chiave, per favore! 5 María, non prendere la chiave, per
favore! 6 Ragazzi, non guardate questo salotto, per favore!
7 Ragazze, non prendete questa strada, per favore! 8 Signor
Rossi, non guardi là per favore. 9 Non scendiamo insieme le
scale! 10 Sandro, non prendere l'ombrello!

Exercise 36: 1 Sì, certo, vada pure! 2 Sì, certo, stia pure! 3 Sì, certo, faccia pure! 4 Sì, certo, dia pure! 5 Sì, certo, tenga pure! 6 Sì, certo, venga pure! 7 Sì, certo, finisca pure! 8 Sì, certo, pulisca pure! 9 Sì, certo, beva pure! 10 Sì, certo, legga pure!

Exercise 37: 1 Oggi è martedì. 2 È il trentuno gennaio millenovecentonovantuno. 3 Costa sessanta milioni. 4 Costa venticinque milioni. 5 Costano duemila lire. 6 Ha trecentomila abitanti. 7 È finita nel millenovecentoquarantacinque. 8 È nata nel millenovecentotrentadue. 9 Costa quindicimila-seicentosettanta lire. 10 Costa duecentocinquantamila lire.

Exercise 38: 1 Ci sono le docce, i gabinetti, la cucina e la lavanderia. 2 No, hanno la roulotte. 3 No, non hanno prenotato il posto. 4 Sì, c'è un supermercato al campeggio. 5 Sì, devono pagare extra. 6 Costa quarantaduemila lire per persona.

Exercise 39: 1 Devono prenotare la stanza prima di agosto. 2 Non sono andati in Italia nel millenovecentoottantanove. 3 Preferiamo un appartamento al pianterreno. 4 Vogliono comprare una casa in campagna. 5 Possiamo guardare il rustico la settimana prossima? 6 L'appuntamento è per venerdì prossimo alle quindici. 7 L'agenzia immobiliare può fissare una visita al mattino. 8 Vorrei venire, ma oggi devo stare a casa. 9 Mi dispiace, ma vorrei una camera con bagno. 10 Non compri questa casa, è troppo lontano dal centro.

CHAPTER 5

Exercise 40: 1 No, lo prende la signora Fazzini. 2 Lo offre la signora Fazzini. 3 La offre il signor White. 4 Sì, lo prende. 5 Sì, le mangiano.

Exercise 41: 1 Sì, la guardo spesso. 2 Sì, le compro spesso. 3 Sì, li invito spesso. 4 Sì, lo bevo spesso. 5 Sì, lo prendo spesso. 6 Sì, la porto spesso. 7 Sì, le mangio spesso. 8 Sì, li bevo spesso. 9 Sì, li bevo spesso. 10 Sì, la invito [l'invito] spesso.

Exercise 42: 1 Le parlo adesso. 2 Gli parlo adesso. 3 Gli tele-fono adesso. 4 Le rispondo adesso. 5 Gli scrivo [scrivo loro] adesso. 6 Gli scrivo [scrivo loro] adesso. 7 Gli rispondo [rispondo loro] adesso. 8 Gli telefono adesso. 9 Gli parlo [parlo loro] adesso. 10 Le scrivo adesso.

Exercise 43: 1 Le dà il numero. 2 Non lo sento. 3 Il signor Forti la legge. 4 La signora le prende. 5 Li compriamo qui. 6 Gli offro [offro loro] l'aperitivo. 7 Gli telefono. 8 Le scrivete? 9 Che cosa gli portate? 10 Il signor Rossi non la lascia.

Exercise 44: 1 Beve un caffè corretto. 2 No, beve un caffè. 3 È un posto dove si beve soprattutto il vino. 4 Tony offre da bere. 5 Lo beve Jeff.

Exercise 45: 1 Sì, dovremmo partire ma abbiamo cambiato idea. 2 Sì, dovrei andare ma non ho la macchina. 3 Sì, potrei venire ma più tardi. 4 Sì, potremmo accompagnarlo in macchina. 5 Sì, vorrei telefonare ma non ho la moneta. 6 Sì, vorremmo viaggiare ma non da soli. 7 No, vorrei un cappuccino. 8 No, vorremmo mangiare alle due. 9 No, potrei venire in bicicletta. 10 Sì, dovremmo restare per la cena.

Exercise 46: 1 Sì, lo compri! 2 Sì, la mangi! 3 Sì, le parli! 4 Sì, li venda! 5 Sì, le prenoti! 6 Sì, la faccia! 7 Sì, la dia! 8 Sì, li porti! 9 Sì, gli telefoni! 10 Sì, lo prenda!

Exercise 47: 1 Sì, compralo! No, non comprarlo! 2 Sì, mangiala! No, non mangiarla! 3 Sì, parlale ! No, non parlarle! 4 Sì, vendili! No, non venderli! 5 Sì, prenotale! No, non prenotarle! 6 Sì, falla! No, non farla! 7 Sì, dalla! No, non darla! 8 Sì, portali! No, non portarli! 9 Sì, telefonagli! No, non telefonargli! 10 Sì, prendilo! No, non prenderlo!

Exercise 48: 1 può 2 so 3 sai 4 so 5 possiamo 6 sa 7 sa 8 posso 9 possono 10 sa

Exercise 49: 1 Sì, mi piace moltissimo. 2 Sì, mi piacciono moltissimo. 3 Sì, mi piace moltissimo. 4 Sì, mi piace moltissimo. 5 Sì, mi piacciono moltissimo. 6 No, non mi piacciono. 7 No, non mi piace. 8 No, non mi piacciono. 9 No, non mi piace. 10 No, non mi piacciono.

Exercise 50: 1 L'amico di Luigi, perchè è vegetariano. 2 Ci sono l'insalata, le patate fritte, i finocchi, verdure fresche. 3 No, li prende solo la signora. 4 No, lo ordina rosso. 5 No, c'è anche trota [pesce]. 6 Tre persone la mangiono.

Exercise 51: 1 Non ci piace viaggiare in treno. 2 Le piacciono le patate fritte? 3 Per favore dia questa chiave alla signora Rossi. 4 Andresti da solo? 5 María, non prendere la mia macchina, prendi la tua. 6 Gli abbiamo dato tutte le

informazioni necessarie. 7 Vi posso offrire qualcosa da bere?
8 Da quanto [tempo] studiate l'italiano? 9 Comprerebbero
l'appartamento, ma costa 50 milioni. 10 Siamo andati a pranzo
da Tony.

CHAPTER 6

Exercise 52: 1 La fa dal droghiere. 2 Ne compra più di
due etti. 3 Preferisce il reggiano. 4 Ne compra due. 5 Spende
trentasettemila lire.

Exercise 53: 1 Ne vorrei un litro. 2 Ne vorrei un chilo e
mezzo. 3 Ne vorrei una sola. 4 Ne vorrei due etti. 5 Ne vorrei
due chili. 6 Ne ho una. 7 Ne ho quattro. 8 Non ne ho molte.
9 Ne ho pochi. 10 Non ne ho.

Exercise 54: 1 Sì, li ho invitati. 2 Sì, l'ho visitata. 3 Sì, l'ho
visitato. 4 Sì, li ho portati. 5 Sì, le ho mangiate. 6 Sì, l'abbiamo
invitata. 7 Sì, l'abbiamo guardato. 8 Sì, le abbiamo comprate.
9 Sì, l'abbiamo presa. 10 Sì, l'abbiamo visto.

Exercise 55: 1 Vuole il quarantasei. 2 Lo preferisce blù.
3 Sono al terzo piano. 4 Porta il quarantatrè. 5 Li compra per
gli amici inglesi.

Exercise 56: 1 Sì, glieli porto. 2 Sì, gliela scrivo. 3 Sì, glielo do.
4 Sì, glieli do. 5 Sì, glielo porto. 6 Sì, gliele scrivo. 7 Sì, gliela
compro. 8 Sì, glieli compro. 9 Sì, glielo vendo. 10 Sì, gliela
vendo.

Exercise 57: 1 Ha portato i panini ai ragazzi? Sì, glieli ho
portati. 2 Ha scritto la lettera a María? Sì, gliel'ho scritta.
3 Ha dato il conto alla signora? Sì, gliel'ho dato. 4 Ha dato i
soldi alla signora? Sì, glieli ho dati. 5 Ha portato il vestito al
signor Bianchi? Sì, gliel'ho portato. 6 Ha scritto le lettere a
tutti? Sì, gliele ho scritte. 7 Ha comprato la pasta per gli ospiti?
Si, gliel'ho comprata. 8 Ha comprato i grissini per María?
Si, glieli ho comprati. 9 Ha venduto l'appartamento a questi
signori? Si, gliel'ho venduto. 10 Ha venduto la casa a questi
signori? Sì, gliel'ho venduta.

Exercise 58: 1 Me l'ha consigliato un'amica. 2 Me l'ha dato il
poliziotto. 3 Me l'ha portata il facchino. 4 Me l'ha riparato
l'orologiaio. 5 Me li ha mandati un amico. 6 Ce l'ha portato il

cameriere. 7 Ce le ha vendute la commessa. 8 Ce li ha
comprati nostra figlia. 9 Ce l'ha prenotato l'agenzia.
10 Ce l'ha data l'impiegata .

Exercise 59: 1 Sì, me lo porti pure. 2 Sì, me li mandi pure.
3 Sì, me le regali pure. 4 Sì, me la scriva pure. 5 Sì, me lo
prenoti pure. 6 Sì, preparamela pure! 7 Sì, mandamele pure!
8 Sì, comprameli pure! 9 Sì, scrivimelo pure! 10 Sì, prendimela
pure!

Exercise 60: 1 Il reparto calzature è al decimo piano. 2 Questo
è il sesto capitolo. 3 Il primo maggio è una festa nazionale in
Italia. 4 Viviamo nel ventesimo secolo. 5 Prenda la quarta via
alla Sua sinistra.

Exercise 61: 1 L'ha messa dentro il Bancomat. 2 C'è scritto che
ha aspettato troppo. 3 Sì, è chiusa. 4 No, non li ha persi.
5 Perchè non è riuscito a ritirare i soldi dal Bancomat.

Exercise 62: Ieri Tony e Luisa *sono andati* alla Rinascente per
comprare due regali: uno per la madre di Tony e l'altro per
quella di Luisa. Luisa *è andata* al pianterreno, al reparto
accessori, e *ha comprato* una borsetta di pelle. Tony *è andato*
a dare un'occhiata al reparto casalinghi al sesto piano. *Ha
guardato* i servizi da tè e da caffè, ma non li *ha comprati*.
Alle quattro Tony e Luisa *sono andati* a prendere il tè a
un bar in Piazza del Duomo e Luisa gli *ha fatto* vedere la
borsetta. Dopo due ore *hanno deciso* di tornare alla
Rinascente perchè Luisa *ha visto* che la cerniera della borsetta
è rotta. *L'ha portata* indietro all'Ufficio Reclami e *ha chiesto*
un rimborso dei soldi o un'altra borsetta. L'impiegato le
ha domandato la ricevuta e dopo molte difficoltà le *ha dato*
una borsetta nuova. Tony nel frattempo *ha guardato* dappertutto, ma non *ha trovato* niente per la madre di Luisa.
Questo non *è stato* un pomeriggio molto fortunato per i
due giovani!

CHAPTER 7

Exercise 63: 1 Perchè ha mal di stomaco. 2 Sì, si preoccupa
molto. 3 La deve prendere tre volte al giorno. 4 Deve tornare
tra una settimana. 5 No, ha una forma leggera di gastroenterite.

Exercise 64: 1 Mi alzo alle otto. 2 Mi corico alle undici.
3 Mi lavo tutte le mattine. 4 Mi stanco a lavorare troppo.
5 Non mi arrabbio mai. 6 Mi annoio a far la coda. 7 Mi diverto
in vacanza. 8 Mi sveglio alle sette e mezzo. 9 Mi riposo dopo
pranzo. 10 Mi perdo se non ho la cartina.

Exercise 65: 1 Quando cado mi faccio male. 2 Quando sono
andati a letto si sono addormentati. 3 Ieri è andata dal dottore
perchè si è sentita male. 4 María è stata a letto quando si è
ammalata. 5 Abbiamo fatto il bagno, poi ci siamo asciugati.
6 Non ti ho telefonato perchè mi sono dimenticato/a. 7 María
e Giovanni sono andati in chiesa e si sono sposati. 8 Non
prendo più le medicine perchè mi sento bene. 9 Quando sono
sporchi si lavano. 10 Se scrivo la lista della spesa, mi ricordo.

Exercise 66: 1 Perchè c'è stato un incidente. 2 È stato investito
da un motorino. 3 Perchè si è messo a correre per prendere
l'autobus. 4 L'hanno portato al Pronto Soccorso. 5 Peter era
alla fermata dell'autobus.

Exercise 67: 1 Sì, fumavo quando ero piccolo. 2 Sì, facevo
molti sport quando ero a scuola. 3 Sì, viaggiavo molto quando
abitavo in Italia. 4 Sì, andavo sempre in macchina quando
lavoravo in centro. 5 Sì, sentivo molto i rumori quando dormivo
al pianterreno. 6 Sì, facevamo molte gite quando eravamo in
montagna. 7 Sì, andavamo fuori spesso quando abitavamo a
Milano. 8 Sì, fumavamo quando avevamo diciotto anni.
9 Sì, mangiavamo solo verdura quando vivevamo in
Inghilterra. 10 Sì, compravamo sempre il giornale quando
lavoravamo in Italia.

Exercise 68: 1 Perchè ero malato. 2 Perchè ero indisposto.
3 Perchè ero arrabbiato. 4 Perchè ero troppo stanco. 5 Perchè
ero distratto. 6 Perchè eravamo senza soldi. 7 Perchè eravamo
malati. 8 Perchè eravamo stanchi. 9 Perchè eravamo in ritardo.
10 Perchè eravamo molto preoccupati.

Exercise 69: 1 Una volta viaggiavate molto. 2 Una volta ci
preoccupavamo molto. 3 Una volta viaggiavano molto
4 Una volta scrivevi molto. 5 Una volta lavorava molto.
6 Una volta mi divertivo molto. 7 Una volta uscivamo molto.
8 Una volta fumavo molto. 9 Una volta leggevi molto.
10 Una volta parlavano molto.

Exercise 70: 1 Ieri ho preso l'autobus perchè ero stanca. 2 Non ho guardato la televisione perchè non funzionava. 3 Quando ero a Firenze sono andata agli Uffizi. 4 Siamo andati dal dottore perchè avevamo la febbre. 5 Il dottore ti ha visitata in casa quando eri a letto malata. 6 Mi sono alzata alle dieci perchè era festa. 7 Mentre leggevo il giornale è entrato il mio ospite. 8 Mentre scrivevo la lettera i bambini hanno mangiato tutti i cioccolatini. 9 Sandra aveva mal di testa e non è andata a lavorare. 10 Mentre camminavo lungo la strada ho visto un incidente.

Exercise 71: 1 Perchè ha preso una scottatura al viso. 2 Gli prescrive una pomata. 3 Non solo sul viso ma anche sulla schiena e sulle gambe. 4 Finchè l'arrossamento non è passato. 5 Se si spella deve mettere un'altra pomata protettiva.

Exercise 72:
– Ho mal di schiena.
– Da due giorni.
– Sì, mi fa molto male. È una cosa seria?
– Che cos'è uno strappo muscolare? Cosa devo fare?
– Può darmi qualcosa per dormire?
- Grazie dottore!

Exercise 73: 1 aveva risposto 2 erano andati 3 eravate stati 4 aveva scritto 5 non aveva mai rotto 6 si era fatto male 7 era successo 8 avevo messo 9 aveva chiuso 10 ci eravamo già seduti

CHAPTER 8

Exercise 74: 1 No, secondo lei, Domingo ha una voce più calda ed espressiva. 2 Perchè, secondo lui, Pavarotti è il miglior tenore del mondo. 3 Tecnicamente, Pavarotti canta meglio. 4 Sì, le è piaciuto. 5 No, non si interessa di sport. 6 Fa il tifo per l'Inter.

Exercise 75: 1 Ci sono più di trentamila spettatori all'Arena. 2 Secondo me, Roma è più grande di Milano. 3 Giovanni è più studioso che intelligente. 4 Ci sono più teatri a Roma che a Torino. 5 Conosco più attori italiani che stranieri. 6 Sua figlia è più alta di lei. 7 Fa più caldo in Italia che in Estati Uniti. 8 Parla più piano di me. 9 Luisa mangia più di tutti. 10 L'Aida mi piace più di Rigoletto.

Exercise 76: 1 Questo è il peggior vino del mondo!
2 Siamo bravi come voi in italiano. 3 C'erano più di ventimila
spettatori. 4 María Callas era una cantante famosissima [molto
famosa]. 5 San Paolo non è grande come San Pietro.
6 Giovanni beve più vino che acqua. 7 Mi sento meglio
adesso. 8 Questi programmi sono noiosissimi [molto noiosi].
9 Non abbiamo comprato tanti regali quanto [quanti] voi.
10 Mia sorella minore vive a Milano.

Exercise 77: 1 Vuole vedere la mostra. 2 Perchè vuole andare
alla Chiesa del Carmine. 3 Si trovano davanti all'Accademia.
4 Hanno comprato dei regali per i loro amici. 5 Vanno in
una trattoria.

Exercise 78: 1 hanno deciso di 2 Cominciamo a 3 Spera di
4 Non mi piace 5 Le piace 6 Preferisce 7 devono 8 Ho finito
di 9 Credono [Pensano] di 10 Andiamo a

Exercise 79:
Caro Signor Rossi,
La ringrazio del Suo invito a teatro per martedì prossimo.
Mi dispiace, ma purtroppo non posso venire. Vado a Firenze
martedì e non posso tornare fino a mercoledì.
La prego di accettare le mie scuse, ma devo andare per affari
e non posso rifiutare.
Distinti saluti,

Exercise 80: 1 Io ho freddo. 2 Hanno fame. 3 Io gli do ragione!
4 ma María gli dà torto. 5 Tutti hanno caldo.
6 Abbiamo sete. 7 ma io non sono d'accordo. 8 perchè ho
paura. 9 Hanno fretta. 10 Silvia ha torto.

Exercise 81: 1 Sì, l'abbiamo fatta. 2 Sì, ne ho fatte molte.
3 Sì, fa brutto tempo. 4 Sì, me lo fa ripetere. 5 Sì, gliela faccio
vedere. 6 Sì, la facciamo in albergo. 7 Sì, me la faccio costruire.
8 Sì, ci fa fare molto lavoro. 9 Sì, ce la faccio. 10 Sì, abbiamo
fatto fatica.

Exercise 82: 1 Abbiamo deciso di andare alla mostra.
2 Secondo me, questo è il peggior film di Fellini. 3 Non si sono
accorti che ero stanchissima. 4 Qual è il più grande teatro del
mondo? 5 Non mi piace la musica tanto quanto [come] a te.
6 Gli alberghi sono più cari in agosto che in giugno. 7 Ci
troviamo tra tre ore? 8 Mi dispiace molto di essere in ritardo.
9 Si è divertita/o con i suoi amici ieri? 10 È riuscito/a a
trovare i biglietti?

CHAPTER 9

Exercise 83: 1 Gestisce un bar. 2 È quella che parla con Tina e Mario. 3 Marco è un esperto di elettronica. 4 Lavora per una compagnia che fabbrica computer. 5 No, è María che fa l'avvocato.

Exercise 84: 1 che 2 cui 3 cui 4 quello che 5 Quelli che 6 che 7 quello che 8 la quale 9 cui 10 Chi

Exercise 85: 1 Dà del tu ai giovani della sua età e ai parenti. 2 Perchè la conosce da quand'era bambina. 3 Alla cameriera della mensa. 4 Alle persone decisamente più vecchie di lui. 5 No, gli dà del tu.

Exercise 86: 1 Dammi quell'indirizzo! 2 Fammi vedere l'ufficio! 3 Dicci la verità! 4 Valla a trovare domani! 5 Dammi del tu! 6 Stacci un po' di più. 7 Falle il biglietto! 8 Dimmi chi è! 9 Fagli una fotografia! 10 Dammi la mano!

Exercise 87: 1 No, è un partito di centro. 2 No, è democristiana. 3 Perchè prendono uno stipendio basso [di un milione al mese]. 4 Sì, sta salendo. 5 Stanno parlando di politica.

Exercise 88: 1 guardando 2 Studiando 3 Leggendo 4 mettendo 5 venendo 6 vendendo 7 arrivando 8 discutendo 9 Facendo 10 dicendo

Exercise 89: 1 stanno per 2 sta per 3 stanno per 4 sta per 5 stanno per 6 sta per 7 stanno per 8 stanno per 9 sta per 10 stanno per

Exercise 90:

Italy has been a republic since 1946, when there was a referendum to decide whether to keep the monarchy. The monarchy lost and the Royal Family, the House of Savoy, went into exile. The constitution, approved in 1948, decrees that the President is Head of State but not Head of the Government: he is elected by Parliament, not by the people.

The Head of State is the President of the Chamber of Deputies, who, together with the Ministers, forms the Government. This government must have the approval of both Houses.

Parliament consists of the Chamber of Deputies with 630
members and the Senate with 315. The Chamber of Deputies
and the Senate are elected for five years, the President of the
Republic for seven years.

Italians can vote at the age of 18 for the parliamentary
elections, but for the Senate the minimum voting age is 25.
The Italian political parties include, on the left: the
Democratic Party of the Left (PDS), the Socialist Parry (PSI),
The Socialist Democratic Party (PSDI), the Green Party, the
Radical Party, the Republican Party (PRI). In the center there is
the Christian Democratic Party (DC), and on the right the
Liberal Party (PLI), the Monarchist Parry, the Italian Social
Movement Party (MSI). There are also a few smaller,
regional parties.

Exercise 91: 1 No, è una repubblica dal 1946. 2 No, è Capo
dello Stato. 3 Ci sono 630 deputati. 4 Votano a diciotto anni
per la Camera e a venticinque per il Senato. 5 No, è un partito
di [estrema] destra.

Exercise 92: 1 Dammi le valigie, il treno sta per arrivare.
2 Non sapendo niente, non ho parlato. 3 Non avendo un
passaporto, non posso partire. 4 Non può venire adesso
perchè sta mangiando. 5 Dimmi chi è! 6 Vacci subito! 7 Non
scelgo mai il posto vicino al finestrino. 8 Fa così caldo oggi,
sto per svenire. 9 Non posso invitarli, stanno per uscire.
10 Non conoscevo la gente con cui stava.

CHAPTER 10

Exercise 93: 1 Vanno in gita in montagna. 2 Sì, dovranno
camminare per circa due ore. 3 Arriveranno verso le undici.
4 Fa l'infermiera. 5 Silvana lavora a Milano e Jeff e Tony
lavorano a Londra.

Exercise 94: 1 Primo o poi verrò. 2 Prima o poi pagherò.
3 Prima o poi ballerò. 4 Prima o poi andrò. 5 Prima o poi
giocherò. 6 Prima o poi sceglierò. 7 Prima o poi finirò. 8 Prima
o poi ordinerò. 9 Prima o poi ritonnerò. 10 Prima o poi
studierò.

Exercise 95: 1 Magari verranno a piedi. 2 Magari dormiremo
in tenda. 3 Magari porterete voi qualcosa da mangiare.

4 Magari usciremo più tardi. 5 Magari farà più bella figura.
6 Magari non gli daranno la mancia. 7 Magari ci aspetteranno
all'altra fermata. 8 Magari canterò un'altra aria. 9 Magari
pagherai tutto insieme. 10 Magari gestirà lui il ristorante.

Exercise 96: 1 Tony lavora in ospedale da tre anni, ma Jeff da
due. 2 Fa quattro o cinque turni alla settimana. 3 Perchè non
hanno sempre gli stessi turni. 4 Sì, le piace. 5 Gli piace far
collezione di francobolli.

Exercise 97: 1 di 2 da 3 di 4 da 5 di 6 alla 7 al 8 alle 9 da
10 a, dalla

Exercise 98: 1 Li ha presi in prestito da Gianni. 2 Li danno a
nolo in un negozio di fianco alla Posta. 3 Piove. 4 Si fermeran-
no al ristorante sopra alla funivia. 5 Si trovano di fronte a casa
di Luisa.

Exercise 99: 1 Scriverai davvero a lui? 2 Guardo lui non lei.
3 Parla a noi, ma non a nessun altro. 4 Siete sicuri che scriverà
a voi? 5 C'è molta gente prima di lui. 6 Manderai solo un
regalo a lei? 7 Parlano sempre di loro. 8 Fa tutto da sè.
9 Andiamo a cavallo con loro. 10 Invitano proprio me?

Exercise 100: 1 Vi scriveremo presto. 2 Ci conosciamo da tre
anni. 3 Hanno comprato una cravatta di seta per il loro padre.
4 Faccio l'infermiere/a a Firenze. 5 Hai molto da fare?
6 Voglio vedere te, non la tua ragazza! 7 Comincerò a studiare
la settimana prossima. 8 Sono andati a cena da María.
9 Beata/o Lei! 10 L'ospedale è di fronte alla banca.

Mini-dictionary

ITALIAN–ENGLISH

a to, at
abbastanza quite, enough
abitare to live
accessori, (*m. pl.*) accessories
accettare to accept
accomodarsi make oneself comfortable
accordo (*m.*) agreement
accórgersene to notice
accórgersi to realize
acqua (*f.*) water
addormentarsi to fall asleep
adesso now
aéreo (*m.*) airplane
aeroporto (*m.*) airport
affari (*m. pl.*) business
affettuoso affectionate, loving
affittare to rent
affitto (*m.*) rent
affollato crowded
aglio (*m.*) garlic
agnello (*m.*) lamb
agosto (*m.*) August
aiutare to help
aiuto (*m.*) help
albergo (*m.*) hotel
alcuni/e (*pl.*) some, any
al di sotto below
allegro cheerful
allora then
almeno at least
alto high, tall
altrimenti otherwise
alzarsi to get up
ambulanza (*f.*) ambulance
ambulatorio (*m.*) surgery
ammalarsi to get sick

ammalato ill, sick
ammobiliato furnished
analcólico nonalcoholic
anche also, too, as well
ancora still, again, yet
andare to go
andare a trovare to pay a visit
animale (*m.*) animal
anno (*m.*) year
annoiarsi to get bored
antipasto (*m.*) hors d'oeuvre
antipasto misto (*m.*) hors d'oeuvre of cold meats
anziano old
aperitivo (*m.*) aperitif
aperto open
appartamento (*m.*) apartment
appassionato fond
approvare to approve
appuntamento (*m.*) appointment
appunto precisely
aprile (*m.*) April
aprire to open
arancia (*f.*) orange
arrabbiarsi to get angry
arrabbiato angry
arrivare to arrive
arrivederci bye-bye
arrivederLa good-bye
arrossamento (*m.*) reddening
arrosto (*m.*) roast
artícolo (*m.*) article
artista (*m. & f.*) artist
artístico artistic
asciugarsi to get dry
ascoltare to listen
aspettare to wait for

aspirapólvere (*m.*) vacuum cleaner
assaggiare to taste
assegno (*m.*) check
assenza (*f.*) absence
atténdere to wait
attento careful
áttimo (*m.*) minute, moment
attore (*m.*) actor
attraversare to cross
attrice (*f.*) actress
attualità (*f.*) current affairs
aumento (*m.*) increase
áutobus (*m.*) bus
automóbile (*f.*) car
autostrada (*f.*) highway
avér caldo to be hot
avere to have
avér fame to be hungry
avér freddo to be cold
avér frena to be in a hurry
avér male di ... to have a pain in ...
avér paura to be afraid
avér ragione to be right
avér sete to be thirsty
avér torto to be wrong
avér voglia to feel like, to want
avvisare to warn
avvocato (*m.*) lawyer

bagno (*m.*) bathroom
balcone (*m.*) balcony
bambino (*m.*) child
barba (*f.*) beard
basso low
basta it is enough
beato! lucky! [blessed]
bello beautiful
bene well
benvenuto welcome
benzina (*f.*) gas
bere to drink
bianchería (*f.*) linen
bianco white
bíbita (*f.*) [soft] drink

biblioteca (*f.*) library
bicchiere (*m.*) glass
bicicletta (*f.*) bicycle
biglietto (*m.*) ticket
bistecca (*f.*) steak
blù blue
blusa (*f.*) blouse
borsa (*f.*) bag
Borsa (*f.*) Stock Exchange
borsetta (*f.*) pocketbook
braccio (*m.*) arm
braciola (*f.*) chop
bravo good, clever
brutto ugly, bad
búfala (*f.*) buffalo
buonanotte good night
buonasera good evening
buongiorno good morning
buono (*m.*) voucher
buono good

cadere to fall
caffè (*m.*) coffee
caffè corretto (*m.*) coffee with a dash of spirit
calcio (*m.*) football
caldo hot, warm
calzature (*f. pl.*) footwear
cambiare to change
cámera (*f.*) room
Cámera (*f.*) Chamber
cámera da letto (*m.*) bedroom
cameriere/a waiter/waitress
camicia (*f.*) shirt
camminare to walk
camminata (*f.*) walk
campagna (*f.*) country
campeggio (*m.*) campground
cantante (*m. & f.*) singer
cantare to sing
canzone (*f.*) song
capire to understand
capítolo (*m.*) chapter
capo (*m.*) head, boss
Capo dello Stato (*m.*) Head of State

caraffa (f.) carafe
carne (f.) meat
caro dear, expensive
carta (f.) map, paper
carta di crédito (f.) credit card
cartina (f.) map
cartolina (f.) postcard
casa (f.) home, house
casetta (f.) small house, cottage
cassetta delle léttere (f.) mailbox
cassiere/a cashier
catálogo (m.) catalog
cattivo bad
cavallo (m.) horse
cena (f.) dinner, supper
cenare to dine
cento hundred
centro (m.) center
cercare to look for
cerniera (f.) zip
certo sure, certainly
che that, what, who, whom
che cosa what
chi who?, the one/ones who
chiamare to call
chiamarsi to call oneself,
    to be called
chiave (f.) key
chiédere to ask
chiesa (f.) church
chilo (m.) kilo
chilómetro (m.) kilometer
chiúdere to close
chiuso closed
ciao hello, good-bye
cínema (m.) movies
cinquanta fifty
cinque five
cioccolatini (m. pl.) chocolates
cioccolato (m.) chocolate
ciò che what, that which
cioè that is (i.e.)
circa about, approximately
città (f.) city, town
ci vuole it takes
coalizione (f.) coalition

coda (f.) line
códice segreto (m.) PIN number
cógliere to pick
cognome (m.) last name
coincidenza (f.) coincidence
colazione (f.) breakfast
collezione (f.) collection
colore (m.) color
colpa (f.) fault
come how, like
come mai? how come? why?
come no yes, certainly (and how)
commesso/a salesperson
cómodo comfortable
compagna (f.) companion,
    partner
compagnia (f.) company
compagno/a companion, mate,
    partner
cómpere (f. pl.) shopping,
    purchase
cómpito (m.) homework
comprare to buy
comune common
comunista communist
con with
conóscere to know
consigliare to advise
consistere to consist
contento happy
conto (m.) bill
contorno (m.) side dish
contratto (m.) contract
coricarsi to lie down
córrere to run
corridoio (m.) corridor
corso (m.) road, main street
cosa what? thing
così so
costare to cost
costo (m.) cost
costruire to build
cotoletta (f.) veal cutlet
cotoletta alla milanese (f.) veal
    cutlet coated in breadcrumbs
cotone (m.) cotton

cotto cooked
cravatta (f.) tie
crédere to think
crema (f.) cream
criticare to criticize
cucina (f.) kitchen
cucinare to cook
cui whom, which
cuócere to cook
cúpola (f.) dome
curare to cure

da from, by
dappertutto everywhere
dare to give
dare del tu/del Lei to use tu/Lei
dare la mano to shake hands
da solo alone
data (f.) date
davanti a in front of
davvero really
decídere to decide
decisamente definitely
dedicarsi to devote oneself
delicato delicate
democrático democratic
dentista (f. & m.) dentist
dentro inside
destra right
desiderare to wish
di of
dicembre (m.) December
diciannove nineteen
di dove? where from?
dieci ten
dieta (f.) diet
dietro a behind
differenza (f.) difference
difficile difficult
difficoltà (f.) difficulty
di fronte a opposite
digitare to punch
dimenticarsi to forget
dipéndere to depend
di più more
di preciso exactly

dire to say
direttore (m.) director, manager
direttrice (f.) director, manager
diritto straight
disastro (m.) disaster
discútere to discuss
di sólito usually
dispiacere to be sorry
distanza (f.) distance
distinto distinguished
distratto absentminded,
    distracted
disturbare to bother
disturbo (m.) bother
dito (m.) finger, toe
ditta (f.) firm
di turno on duty
diventare to become
diversi (pl.) several
diverso different
divertirsi to enjoy oneself
divisa (f.) uniform
doccia (f.) shower
documento (m.) document
dódici twelve
domandare to ask
domani tomorrow
doménica (f.) Sunday
dopo after, later, then
doppio double
dormire to sleep
dottore (m.) doctor
dottoressa (f.) doctor
dove where
dovere to have to, must
droghiere/a grocery store
due two
dunque so, then
duomo (m.) cathedral
durare to last
durata (f.) duration
duro hard

e and
eccetto except
ecco here is, here it is

eléggere to elect
elettrónica (f.) electronics
elezioni (f. pl.) elections
ente (m.) body, organization, board
entrare in vigore to become law
esaminare to examine
esilio (m.) exile
esperto/a expert
esporsi al sole to sunbathe
espressivo intense, with feeling
éssere to be
éssere abituato a to be used to
éssere nato to be born
est (m.) east
estate (f.) summer
età (f.) age
etto (m.) 100 grams
evitare to avoid
extra extra

fabbricare to manufacture
facchino (m.) porter
fácile easy
facilmente easily
fame (f.) hunger
famiglia (f.) family
famoso famous
fantástico great
far bella figura to look well
fárcela to manage, to cope
far conoscenza to get acquainted
fare to do, to make
farmacía (f.) pharmacy, drugstore
farmacista (m. & f.) pharmacist
far male to hurt
far vedere to show
fatica (f.) effort
febbraio (m.) February
febbre (f.) temperature, fever
fermarsi to stop, to stay
fermata (f.) stop
ferrovia (f.) railroad
festa (f.) feast (day), party
figlio (m.) son, child
figura (f.) figure

figúrati you are welcome (fam.)
finalmente at last
finchè … non until
finestra (f.) window
finire to finish
fino a as far as
finocchio (m.) fennel
Firenze (f.) Florence
fissare to arrange
foglio (m.) sheet of paper
forma (f.) form, shape
formare to form
forno (m.) oven
forse perhaps
fortunato lucky
francobollo (m.) stamp
fratello (m.) brother
freddo (m.) cold
fresco fresh
fretta (f.) hurry
frizzante fizzy
frutta (f.) fruit
fruttivéndolo/a produce market
fumare to smoke
funivía (f.) cable car
funzionare to work, function
fuori outside

gabinetto (m.) lavatory, toilet
gallería (f.) gallery
gamba (f.) leg
garage (m.) garage
gastroenterite (f.) gastroenteritis
gelato (m.) ice cream
gelato frozen
generale general
genio (m.) genius
genitori (m. pl.) parents
gennaio (m.) January
Génova (f.) Genoa
gente (f. sing.) people
gentile kind
gestire to run (a business)
già already
giardino (m.) garden
ginocchio (m.) knee

giocare to play (a game)
giornalaio/a newsstand
giornale (*m.*) newspaper
giorno (*m.*) day
gióvane young
giovedì (*m.*) Thursday
gita (*f.*) trip
giugno (*m.*) June
giusto correct
gnocchi (*m. pl.*) potato
   dumplings
gnocchi alla romana (*m. pl.*)
   semolina dumplings
governo (*m.*) government
grado (*m.*) degree
grande big
grata (*f.*) shutter
gratis free
grazie thank you
griglia (*f.*) grill
grissino (*m.*) breadstick
guardare to see
guida (*f.*) guide, guidebook
guidare to drive

hobby (*m.*) hobby

idea (*f.*) idea
ieri yesterday
ignorare to ignore
il (*m.*) the
il quale who, whom, which, that
imbucare to mail
imparare to learn
impegnato busy, engaged
impiegato/a clerk
importante important
impostare to mail
in in
incidente (*m.*) accident
in cima a on top of
incontrarsi to meet
indietro back
indirizzo (*m.*) address
indisposto indisposed, unwell
infermiere/a nurse

inflazione (*f.*) inflation
in fondo a at the end of
informazione (*f.*) information
Inghilterra (*f.*) England
inglese (*m. & f.*) English
in orario on time
in pensione retired
inquilino/a tenant
in ritardo late, delayed
insalata (*f.*) salad
insegnante (*m. & f.*) teacher
insieme a together with
insistere to insist
insuperábile unmatched,
   outstanding
intelligente intelligent, clever
inténdere to understand
interessarsi to be interested
interno (*m.*) inside
interrómpere to interrupt
in tutto altogether
invece instead
inverno (*m.*) winter
investire to run over
invitare to invite
invito (*m.*) invitation
istituto (*m.*) institute, faculty
Italia (*f.*) Italy
italiano/a Italian

la (*f.*) the
labbro (*m.*) lip
lana (*f.*) wool
lasagne (*f. pl.*) lasagna
lasciare to leave
laterale on the side
lavandería (*f.*) laundromat
lavapiatti (*f.*) dishwasher
lavarsi to wash oneself
lavatrice (*f.*) washing machine
lavorare to work
lavoro (*m.*) work
leggero light, mild
legno (*m.*) wood
lei she
Lei you (*form.*)

léttera (*f.*) letter
lettino (*m.*) couch
letto (*m.*) bed
lezione (*f.*) lesson
li there
liberale liberal
líbero free
lingua (*f.*) language
lírica (*f.*) operatic music
lista (*f.*) list
Londra (*f.*) London
lontano da far from
luce light
luglio (*m.*) July
lunedì (*m.*) Monday

ma but
madre (*f.*) mother
magari perhaps
maglione (*m.*) sweater
maiale (*m.*) pig, pork
mácchina (*f.*) car, machine
maggio (*m.*) May
maggiore greater, greatest
magnífico magnificent
malattía (*f.*) illness, disease
male badly
mamma (*f.*) mom, mommy
mancia (*f.*) tip
mandare to send
mangiare to eat
mano (*f.*) hand
mantenere to keep
manzo (*m.*) beef
mare (*m.*) sea
marito (*m.*) husband
martedì (*m.*) Tuesday
marzo (*m.*) March
matita (*f.*) pencil
mattino (*m.*) morning
media (*f.*) average
medicina (*f.*) medicine
médico (*m.*) (medical) doctor
meglio better (*adv.*)
membro (*m.*) member
meno less, least

meno male thank goodness
mensa (*f.*) refectory, canteen
mercato (*m.*) market
mercoledì (*m.*) Wednesday
mese (*m.*) month
metropolitana (*f.*) subway
méttere to put
mezzanotte (*f.*) midnight
mezzo half, means
mezzogiorno (*m.*) noon
mi dispiace I am sorry
migliore better, best
Milano (*f.*) Milan
milione (*m.*) million
mille thousand
mille grazie many thanks
minerale mineral
minestra (*f.*) soup
mínimo minimum
minore smaller/-est,
   younger/-est
minuto (*m.*) minute
mio my, mine
mi pare I think
mi piace I like
mi raccomando! mind!
misura (*f.*) size
móbili (*m. pl.*) furniture
moderno modern
moglie (*f.*) wife
molto very, much
molto lieto pleased (to meet you)
momento (*m.*) moment
monarchía (*f.*) monarchy
mondo (*m.*) world
montagna (*f.*) mountain
monte (*m.*) mount, mountain
morire to die
morto dead
mosso rough (sea)
mostra (*f.*) exhibition
motocicletta (*f.*) motorcycle
motorino (*m.*) scooter
mucca (*f.*) cow
muscolare muscular
música (*f.*) music

Nápoli (f.) Naples
nato born
nazionale national
neanche neither, not even
necessario necessary
negozio (m.) store
nel frattempo in the meantime
nessuno/a nobody
niente nothing
no no
noioso boring
noleggiare to hire
noleggio, nolo (m.) hire
non not
non vedér l'ora di to look
    forward to
nome (m.) name
nord (m.) north
notizie (f. pl.) news
notte (f.) night
novanta ninety
nove nine
novembre (m.) November
número (m.) number
nuotare to swim
nuovo new

obbligatorio compulsory
occasione (f.) opportunity
occhiali (m. pl.) spectacles
occhiata (f.) look
occupato busy
occupazione (f.) occupation
offrire to offer
oggi today
ogni every
olio (m.) oil
oliva (f.) olive
ópera (f.) opera
ora (f.) hour
orario (m.) timetable
ordinare to order
orecchio (m.) ear
orologiaio/a watchmaker
ospedale (m.) hospital
óspite (m. & f.) guest

ostería (f.) pub
ottanta eighty
otto eight
ottobre (m.) October
ovest (m.) west

padre (m.) father
padrona [di casa] (f.) landlady
padrone [di casa] (m.) landlord
pane (m.) bread
panino (m.) roll, sandwich
pantófole (f. pl.) slippers
Papa (m.) Pope
papà (m.) dad
parente (m. & f.) relative
parlamentare parliamentary
Parlamento (m.) Parliament
parlare to speak
parmigiano (m.) parmesan
partire to leave
partita (f.) match
partito (m.) (political) party
passaporto (m.) passport
passare to pass
passatempo (m.) pastime
passeggero (m.) passenger
passeggiata (f.) walk
passione (f.) passion, interest
pastina (f.) little cake
pasto (m.) meal
patata (f.) potato
patate fritte (f. pl.) french fries
paura (f.) fear
paziente patient
pazzo mad
peggio worse (adv.)
peggiore worse/worst
pelle (f.) leather
pensare to think
pensionante (m. & f.) paying
    guest
pensionato/a retired
pensione completa (f.) full board
per for
per cento percent
perchè why, because

pérdere to lose
pérdersi to get lost
per esempio for example
per favore/per piacere please
periferìa (*f.*) suburbs
perméttere to allow
personale personal
per terra on the floor/ground
pesce (*m.*) fish
péssimo very bad
pezzo (*m.*) piece
piacere how do you do
piacévole pleasant
piángere to weep, to cry
pianista (*m & f.*) pianist
piano (*m.*) floor
piano slowly
piano, pianoforte (*m.*) piano
pianterreno (*m.*) ground floor
piantina (*f.*) map
piatto (*m.*) dish
piazza (*f.*) square
píccolo small
piedi (*m. pl.*) feet
pieno full
piscina (*f.*) swimming pool
poco little
poi then
Policlínico (*m.*) General Hospital
Politécnico (*m.*) polytechnic
política (*f.*) politics
pomata (*f.*) ointment
pomeriggio (*m.*) afternoon
pomodoro (*m.*) tomato
pópolo (*m.*) people
porta (*f.*) door
portare to carry, to wear
portare di ritorno/indietro to take back
portavoce (*m. & f.*) spokesperson
portinaio/a doorman
possíbile possible
posta (*f.*) mail/post office
posto (*m.*) seat, place
potere to be able
póvero poor

pranzo (*m.*) lunch
preciso precise
preferire to prefer
preferito favorite
pregare to pray, to beg
prego you are welcome, please
prémere to press
préndere to take
préndere in préstito to borrow
prenotare to book
preoccuparsi to worry
preparare to prepare
prescrívere to prescribe
presentare to introduce
presidente (*m.*) president, chairperson
Presidente del Consiglio Prime Minister
prestare to lend
préstito (*m.*) loan
presto early
presuntuoso conceited
Pretura (*f.*) Police Headquarters
prezzo (*m.*) price
prima colazione (*f.*) breakfast
prima di before
primo first
primo piatto (*m.*) first course
probabilmente probably
programma (*m.*) program
pronto soccorso (*m.*) emergency room
proprietario/a owner
proprio really, quite
prosciutto (*m.*) ham
próssimo next
protettivo protective
pulire to clean
purtroppo unfortunately

quanto how, how much
qualche some
qualcosa something
qual(e) what, which
qualsíasi whatever, any
qualunque whatever, any

quando when
quaranta forty
quarto fourth
quattórdici fourteen
quattro four
questione (f.) matter, question
questo this
qui here
quíndici fifteen
quotidiano daily

rádersi to shave
radio (f.) radio
ragazza (f.) girl, girlfriend
ragazzo (m.) boy, boyfriend
ragione (f.) right, reason
recitare to act
reclami (m. pl.) complaints
referendum (m.) referendum
regalare to give (as a present)
regalo (m.) present
regata (f.) regatta
regionale regional
regione (f.) region
regnante ruling
reparto (m.) department
repúbblica (f.) republic
repubblicano republican
restare to stay, to remain
restaurare to restore
ricetta (f.) prescription
ricévere to receive
ricevuta (f.) receipt
riconóscere to recognise
ricordarsi to remember
ricotta (f.) cream cheese
rifiutare to refuse
riga (f.) stripe, line
rilassarsi to relax
rimanere to stay
rimborso (m.) refund
rimodernare to modernize
riparare to mend
riposarsi to rest
riservare to book
risparmiare to save

rispóndere to reply
ristorante (m.) restaurant
ritardo (m.) delay
riuscire to succeed
rivedere to see again
rivista (f.) magazine
roba (f.) belongings, things
rómpere to break
rosso red
roulotte (f.) caravan
rumore (m.) noise
russo Russian
rústico (m.) farmhouse

sábato (m.) Saturday
salotto (m.) lounge
sala da pranzo (m.) dining room
salame (m.) salami
salire to climb, to go up
salutare to greet
salute (f.) cheers!
sapere to know how
sbagliato wrong
scarpe (f. pl.) shoes
scarponi (m. pl.) boots
scátola (f.) box
scégliere to choose
scéndere to go down, to descend
scelta (f.) choice
schermo (m.) screen
schiena (f.) back
sci (m. pl.) skis
sciare to ski
sciógliere to dissolve
sciópero (m.) strike
scompartimento (m.)
   compartment
scottatura (f.) bum
scrivanía (f.) desk
scrívere to write
scuola (f.) school
scuola elementare (f.) elementary
   school
scuola media (f.) middle school
scusa (f.) excuse
scusare to excuse, to forgive

se if, whether
secco dry
sécolo (m.) century
secondo according to, in the opinion of
secondo second
sedersi to sit down
sédici sixteen
segretario/a secretary
segreto secret
seguire to follow
sei six
semáforo (m.) traffic lights
sempre always
Senato (m.) Senate
senatore (m.) senator
senso (m.) way, sense
sentire to hear
sentirsi to feel
serio serious
servire to serve
servizi (m. pl.) facilities
servizio (m.) set
sessanta sixty
sesto sixth
seta (f.) silk
sete (f.) thirst
settanta seventy
sette seven
settembre (m.) September
settimana (f.) week
sgabuzzino (m.) closet
sgonfio flat (tire)
si one, oneself, him/herself, themselves
sì yes
sicuro sure
sì e no hardly
signora (f.) Mrs., madam
signore (m.) Mr., sir
signorina (f.) Miss, young lady
simpático likeable
sincero sincere
sindacato (m.) trade union
síngolo single
sinistra left

sistema (m.) system
socialista socialist
soggiorno (m.) stay, living room
soldi (m. pl.) money
sole (m.) sun
solo only
soprattutto mainly
sorella (f.) sister
sotto below, under
spaghetti (m. pl.) spaghetti
Spagna (f.) Spain
spazioso roomy
specialità (f.) specialty
specialmente especially
spellarsi to peel
spéndere to spend
spesa (f.) shopping
spesso often
spettácolo (m.) show, spectacle
spettatore (m.) spectator
spiegare to explain
sporcarsi to get dirty
sporco dirty
sportello (m.) (train) door
sposarsi to get married
stabilire to establish, to dictate
stadio (m.) stadium
stamattina this morning
stancarsi to get tired
stanco tired
stanza (f.) room
stazione (f.) station
stesso the same
stómaco (m.) stomach
storia (f.) story, history
stórico historical
strada (f.) road
straniero/a foreign, foreigner
strappo (m.) sprain
studente (m.) student
studiare to study
studioso studious
stúpido stupid
su on
súbito immediately
succédere to happen

sud (*m.*) south
suo his/hers, yours (*form.*)
suócera (*f.*) mother-in-law
suonare to play (an instrument),
   to ring
supermercato (*m.*) supermarket
svago (*m.*) pastime
svegliarsi to wake up
svéndita (*f.*) sale
svestirsi to undress

tabaccaio (*m.*) tobacconist
tanto ... quanto as ... as
tardi late
tartina (*f.*) canapé
tassa di soggiorno (*f.*) tourist tax
taxi (*m.*) taxi
teatro (*m.*) theater
telefonare to call
teléfono (*m.*) telephone
telegramma (*m.*) telegram
televisione (*f.*) television
tenda (*f.*) tent
tenere to keep, to hold
tenore (*m.*) tenor
terrazzo (*m.*) terrace
tesi (*f.*) thesis
testa (*f.*) head
tifo (*m.*) (fare il tifo per) to
   support
tifoso (*m.*) fan, supporter
tinello (*m.*) breakfast room
tocca a me it is my turn
tornare to go/come back, to
   return
torto (*m.*) wrong
tra among, between
trágico tragic
trasporto (*m.*) transportation
tre three
trédici thirteen
treno (*m.*) train
trenta thirty
troppo too, too much
trota (*f.*) trout
trovare to find

trovarsi to meet
turno (*m.*) duty

un, una a, an
úndici eleven
ufficio (*m.*) office
ufficio postale (*m.*) post office
uguale same, equal
único unique
università (*f.*) university
uno one
un po' a little
usare to use
uscire to go out

vacanza (*f.*) vacation
vagone (*m.*) carriage
valigia (*f.*) suitcase
vecchio old
vedere to see
vegetariano vegetarian
véndita (*f.*) sale
venerdì (*m.*) Friday
Venezia (*f.*) Venice
venire to come
vend twenty
veramente really
verde green
verdura (*f.*) vegetable
verità (*f.*) truth
vero true
vestirsi to get dressed
vestito (*m.*) dress, suit
vettura (*f.*) carriage
viaggiare to travel
vicino near
violinista (*m. & f.*) violinist
vísita (*f.*) visit
visitare to visit, to examine
viso (*m.*) face
vita (*f.*) life
vitello (*m.*) veal
voce (*f.*) voice
voglia (*f.*) wish
volentieri willingly
volere to want, to wish

volo (*m.*) flight
volta (*f.*) time
votare to vote
voto (*m.*) vote
vuoto empty

weekend (*m.*) weekend

zanzara (*f.*) mosquito
zero (*m.*) zero
zia (*f.*) aunt
zio (*m.*) uncle
zoo (*m.*) zoo
zúcchero (*m.*) sugar

ENGLISH–ITALIAN

a, an un, una, uno
a little un po'
absence assenza (*f.*)
to accept accettare
accessories accessori (*m. pl.*)
accident incidente (*m.*)
according to secondo
to act recitare
actor attore (*m.*)
actress attrice (*f.*)
address indirizzo (*m.*)
advice consiglio (*m.*)
to advise consigliare
affectionate affettuoso
after dopo, poi
afternoon pomeriggio (*m.*)
again ancora
age età (*f.*)
agreement accordo (*m.*)
airplane aeroplano, aéreo (*m.*)
airport aeroporto (*m.*)
to allow perméttere
alone da solo
already già
also anche
altogether in tutto
always sempre
ambulance ambulanza (*f.*)
among fra, tra
and e

angry arrabbiato
animal animale (*m.*)
any alcuni, qualsíasi, qualunque
apartment appartamento (*m.*)
aperitif aperitivo (*m.*)
appointment appuntamento (*m.*)
to approve approvare
approximately circa
April aprile (*m.*)
arm braccio (*m.*)
to arrange fissare
to arrive arrivare
article artiícolo (*m.*)
artist artista (*m. & f.*)
artistic artístico
as ... as tanto ... quanto
as far as fino a
to ask chiédere, domandare
as well anche
at a
at last finalmente
at least almeno
at the end of in fondo a
aunt zia (*f.*)
August agosto (*m.*)
average media (*f.*)
to avoid evitare

back schiena (*f.*)
bad cattivo, brutto

badly male
bag borsa (f.)
balcony balcone (m.)
bank banca (f.)
bathroom bagno (m.)
to be éssere
to be afraid avere paura
to be born éssere nato
to be called chiamarsi
to be cold avere freddo
to be hot avere caldo
to be hungry avere fame
to be in a hurry avere fretta
to be right avere ragione
to be thirsty avere sete
to be used to éssere abituato a
to be wrong avere torto
beard barba (f.)
beautiful bello
because perchè
because of a causa di
to become diventare
to become law entrare in vigore
bed letto (m.)
bedroom cámera da letto (m.)
beef manzo (m.)
before prima di
to beg pregare
to begin cominciare
behind dietro a
to believe crédere
belongings roba (f.)
below, under sotto, aldisotto
beside a fianco di
better (adv.) meglio
better, best migliore
between fra, tra
bicycle bicicletta (f.)
big grande
bill conto (m.)
blouse blusa (f.)
blue blù
board ente (m.)
boardinghouse pensione (f.)
to book prenotare, riservare
boots scarponi (m. pl.)

boring noioso
born nato
to borrow préndere in préstito
boss, head capo (m.)
to bother disturbare
box scátola (f.)
boy ragazzo (m.)
boyfriend ragazzo (m.)
bread pane (m.)
to break rómpere
breakfast colazione (f.)
breakfast room tinello (m.)
brother fratello (m.)
buffalo búfalo/a
to build costruire
burn scottatura (f.)
bus áutobus (m.)
business affari (m.) (pl.)
busy occupato, impegnato
but ma
to buy comprare
by da
bye-bye arrivederci

cable car funivía, funicolare (f.)
cake [little] pastina (f.)
to call chiamare
to call on the phone telefonare
to call oneself chiamarsi
campground campeggio (m.)
can potere
canapé tartina (f.)
canteen mensa (f.)
car automóbile, mácchina (f.)
carafe caraffa (f.)
careful attento
to be careful stare attento
carriage vagone m, vettura (f.)
carry portare
cashier cassiere/a
casualty pronto soccorso (m.)
catalog catálogo (m.)
cathedral duomo (m.)
center centro (m.)
century sécolo (m.)
certainly certo

Chamber Cámera (f.)
to change cambiare
chapter capítolo (m.)
check assegno (m.)
cheerful allegro
cheers! salute!
child bambino/a
chocolate cioccolato (m.)
chocolates cioccolatini (m. pl.)
choice scelta (f.)
to choose scégliere
chop braciola (f.)
church chiesa (f.)
city città (f.)
to clean pulire
clever bravo
to climb, to go up salire
to close chiúdere
closed chiuso
closet sgabuzzino (m.)
coalition coalizione (f.)
coffee caffè (m.)
coincidence coincidenza (f.)
cold freddo (m.)
collection collezione (f.)
college collegio (m.)
color colore (m.)
to come venire
comfortable cómodo
communist comunista
companion compagno/a
company compagnia (f.)
compartment scompartimento (m.)
complaint reclamo (m.)
compulsory obbligatorio
conceited presuntuoso
to consist consístere
contract contratto (m.)
to cook cucinare, cuócere
cooked cotto
to cope fárcela
correct giusto
corridor corridoio (m.)
cost costo (m.)
to cost costare

cottage casetta (f.)
cotton cotone (m.)
couch lettino (m.)
countryside campagna (f.)
course (dish) piatto (m.)
cow mucca (f.)
cream crema (f.)
credit card carta di crédito (f.)
to criticize criticare
to cross attraversare
crowded affollato
to cure curare
current affairs attualità (f.)

dad, daddy papà, babbo (m.)
daily quotidiano
date data (f.)
day giorno (m.)
dead morto
December dicembre (m.)
to decide decídere
definitely decisamente
degree grado (m.)
delicate delicato
democratic democrático
dentist dentista (m. & f.)
department reparto (m.)
to depend dipéndere
desk scrivanía (f.)
to devote oneself dedicarsi
to dictate stabilire
to die morire
diet dieta (f.)
difference differenza (f.)
different diverso
difficult difficile
difficulty difficoltà (f.)
to dine cenare
dining room sala da pranzo (f.)
dinner cena (f.)
director direttore m, direttrice (f.)
dirty sporco
to get dirty sporcarsi
to discuss discútere
dish piatto (m.)
dishwasher lavapiatti (f.)

to dissolve sciógliere
distance distanza (f.)
distracted distratto
to do fare
doctor médico (m.), dottore/-ssa
document documento (m.)
dome cúpola (f.)
door porta (f.)
doorbell campanello (m.)
doorman portinaio/a
double doppio
dress vestito (m.)
to get dressed vestirsi
drink (soft) bíbita (f.)
to drink bere
drugstore farmacía (f.)
dry secco
to dry oneself asciugarsi
dumplings gnocchi (m. pl.)
duration durata
duty turno (m.)
on duty di turno

ear orecchio (m.)
early presto
easily facilmente
east est (m.)
easy fácile
to eat mangiare
effort fática
eight otto
eighteen diciotto
eighty ottanta
to elect eléggere
elections elezioni (f. pl.)
electronics elettrónica (f.)
elementary school scuola
    elementare (f.)
eleven úndici
empty vuoto
England Inghilterra (f.)
English inglese (m. & f.)
to enjoy oneself divertirsi
enough abbastanza
equal uguale
especially specialmente

to establish stabilire
eventually alla fine
every ogni
everywhere dappertutto
exactly di preciso
examination esame (m.)
to examine esaminare
except eccetto
excuse scusa (f.)
to excuse, to forgive scusare
exhibition mostra (f.)
exile esilio (m.)
expensive caro
expert esperto/a
to explain spiegare

face viso (m.), faccia (f.)
facilities servizi (m. pl.)
to fall cadere
family famiglia (f.)
famous famoso
fantastic fantástico
far from lontano da
farmhouse fattoría (f.),
    rústico (m.)
fast veloce
father padre (m.)
fault colpa (f.)
favorite preferito
fear paura (f.)
feast festa (f.)
February febbraio (m.)
feel sentirsi
to feel like avér voglia (di)
feet piedi (m. pl.)
fennel finocchio (m.)
fever febbre (f.)
few alcuni, pochi (pl.)
fifteen quíndici
fifty cinquanta
figure figura (f.)
find trovare
finger dito (m.)
to finish finire
firm ditta (f.)
first primo

fish pesce (*m.*)
five cinque
fizzy frizzante
flat (tire) sgonfio
flight volo (*m.*)
floor piano (*m.*)
Florence Firenze (*f.*)
to follow seguire
fond appassionato
footwear calzature (*f. pl.*)
for per
foreign, foreigner straniero/a
for example per esempio
to forget dimenticarsi
form forma (*f.*)
to form formare
forty quaranta
four quattro
fourteen quattórdici
fourth quarto
free líbero
fresh fresco
Friday venerdì (*m.*)
friend amico (*m.*) amica (*f.*)
from da
frozen gelato
fruit frutta (*f.*)
full pieno
to function funzionare
furnished ammobiliato
furniture móbili (*m. pl.*)

gallery gallería (*f.*)
garage garage (*m.*)
garden giardino (*m.*)
garlic aglio (*m.*)
gas benzina (*f.*)
gastroenteritis gastroenterite (*f.*)
general generale
General Hospital Policlínico (*m.*)
genius genio (*m.*)
to get (become) diventare
to get (obtain) ottenere
to get angry arrabbiarsi
to get bored annoiarsi
to get dirty sporcarsi

to get dressed vestirsi
to get dry asciugarsi
to get lost pérdersi
to get married sposarsi
to get sick ammalarsi
to get tired stancarsi
to get undressed svestirsi
to get up alzarsi
to get worried preoccuparsi
girl ragazza (*f.*)
girlfriend ragazza (*f.*)
to give dare
to give (as a present) regalare
glass bicchiere (*m.*)
to go andare
to go down scéndere
to go out uscire
to go up salire
good buono, bravo
good-bye ciao, arrivederci
good evening buonasera
good morning buongiorno
good night buonanotte
greater, greatest maggiore
green verde
to greet salutare
grill griglia (*f.*)
grocer droghiere/a
ground floor pianterreno (*m.*)
guest óspite (*m. & f.*)
guide guida (*f.*)

half mezzo
ham prosciutto (*m.*)
hand mano (*f.*)
to happen succédere
happy contento
hard duro
hardly appena, sì e no
to have avere
to have a pain in ...
    aver male di ...
head testa (*f.*)
Head of State Capo dello
    Stato (*m.*)
to hear sentire

hello ciao
help aiuto (*m.*)
to help aiutare
here qui
here it is, here is ecco
high alto
highway autostrada (*f.*)
hire noleggio, nolo (*m.*)
historical stórico
hobby hobby, passatempo (*m.*)
holiday vacanza (*f.*)
homework cómpito (*m.*)
hors d'oeuvre antipasto (*m.*)
horse cavallo (*m.*)
hospital ospedale (*m.*)
hostel ostello (*m.*)
hot, warm caldo
hotel albergo (*m.*)
hour ora (*f.*)
house casa (*f.*)
how come
how come? why? come mai?
how do you do piacere
how, how much quanto
hundred cento
hunger fame (*m.*)
hurry fretta (*f.*)
to hurry up affrettarsi
to hurt far male
husband marito (*m.*)

ice cream gelato (*m.*)
idea idea (*f.*)
if se
to ignore ignorare
ill ammalato, malato
illness, disease malattía (*m.*)
immediately súbito
important importante
in in
increase aumento (*m.*)
inflation inflazione (*f.*)
information informazione (*f.*)
in front of davanti a
inside interno (*m.*), dentro
instead invece

institute istituto (*m.*)
to introduce presentare
intelligent intelligente
intense, with feeling espressivo
to be interested interessarsi
to interrupt interrómpere
invitation invito (*m.*)
to invite invitare
Italian italiano
Italy Italia (*f.*)

January gennaio (*m.*)
July luglio (*m.*)
June giugno (*m.*)

to keep tenere, mantenere
key chiave (*f.*)
kilo(gram) chilo (*m.*)
kilometer chilómetro (*m.*)
kind gentile
kitchen cucina (*f.*)
knee ginocchio (*m.*)
to know conóscere
to know how sapere

lady signora (*f.*)
lake lago (*m.*)
lamb agnello (*m.*)
landlord/landlady padrone/a
language lingua (*f.*)
lasagna lasagne (*f. pl.*)
last name cognome (*m.*)
late in ritardo, tardi
laundromat lavandería (*f.*)
lawyer avvocato (*m.*)
learn imparare
leather pelle (*f.*)
to leave partire, lasciare
left sinistra
leg gamba (*f.*)
to lend prestare
less, least meno
lesson lezione (*f.*)
to let affittare, lasciare
letter léttera (*f.*)
liberal liberale

library biblioteca (*f.*)
to lie down coricarsi
life vita (*f.*)
light luce (*f.*)
light, mild leggero
like come
I like mi piace
likeable simpático
line riga (*f.*)
to line up coda (*f.*)
linen bianchería (*f.*)
lip labbro (*m.*)
list lista (*f.*)
to listen ascoltare
a little un po'
to live abitare
loan préstito (*m.*)
London Londra (*f.*)
look occhiata (*f.*)
to look at guardare
to look for cercare
to look forward to non vedér
   l'ora di
to lose pérdere
lounge salotto (*m.*)
low basso
lucky fortunato, beato!
lunch pranzo (*m.*)

mad pazzo
madam signora (*f.*)
magazine rivista (*f.*)
magnificent magnífico
mail posta (*f.*)
to mail imbucare, impostare
mailbox cassetta delle léttre (*f.*)
mainly soprattutto
to make fare
to manage fárcela
manager direttore/direttrice
to manufacture fabbricare
map cartina, carta, piantina (*f.*)
March marzo (*m.*)
market mercato (*m.*)
marvelous stupendo,
   meraviglioso

match partita (*f.*)
matter questione (*f.*)
May maggio (*m.*)
maybe forse
meal pasto (*m.*)
means mezzo (*m.*)
meanwhile nel frattempo
meat came (*f.*)
medicine medicina (*f.*)
to meet incontrarsi, trovarsi
member membro (*m.*)
to mend riparare
middle school scuola media (*f.*)
midnight mezzanotte (*f.*)
Milan Milano (*f.*)
million milione (*m.*)
mind! mi raccomando!
mine mio
mineral minerale
minimum mínimo
minute minuto (*m.*)
Miss signorina (*f.*)
modern moderno
to modernize rimodernare
mom, mommy mamma (*f.*)
moment momento (*m.*),
   áttimo (*m.*)
monarchy monarchía (*f.*)
Monday lunedì (*m.*)
money soldi (*m. pl.*)
month mese (*m.*)
more più, di più
morning mattino (*m.*)
mosquito zanzara (*f.*)
mother madre (*f.*)
mother-in-law suócera (*f.*)
motorcycle motocicletta (*f.*)
mount, mountain monte (*m.*)
mountain montagna (*f.*)
movies cínema (*m.*)
Mr. signore (*m.*)
Mrs. signora (*f.*)
much molto
muscular muscolare
must dovere
my mio

name nome (*m.*)
national nazionale
near vicino
necessary necessario
new nuovo
news notizie (*f. pl.*)
newspaper giornale (*m.*)
newsstand giornalaio
next próssimo
next to accanto a, a fianco di
night notte (*f.*)
nine nove
ninety novanta
no no
nobody nessuno/a
noise rumore (*m.*)
nonalcoholic analcólico
noon mezzogiorno (*m.*)
north nord (*m.*)
not non
nothing niente, nulla
to notice accórgersene
November novembre
now adesso
number número (*m.*)
nurse infermiere/a

occupation occupazione (*f.*)
of di
to offer offrire
office ufficio (*m.*)
often spesso
oil olio (*m.*)
ointment pomata (*f.*)
old vecchio, anziano
olive oliva (*f.*)
on su
on the side laterale
on top of in cima a
one uno
the one/ones who chi
only solo
open aperto
to open aprire
operatic music lírica (*f.*)
opportunity occasione (*f.*)

opposite di fronte a
orange arancia (*f.*)
to order ordinare
otherwise altrimenti
outside fuori
oven forno (*m.*)
owner proprietario/a

parents genitori (*m. pl.*)
parmesan parmigiano (*m.*)
partner, companion compagno/a
party partito (*m.*)
to pass passare
passenger passeggero/a
passion, interest passione (*f.*)
passport passaporto (*m.*)
pastime svago (*m.*)
patient paziente
to pay pagare
to pay attention stare attento
paying guest pensionante
   (*m. & f.*)
to peel spellarsi
pencil matita (*f.*)
people pópolo (*m.*), gente (*f.*)
percent per cento
perhaps forse, magari
personal personale
pharmacist farmacista (*m. & f.*)
pianist pianista (*m. & f.*)
piano piano, pianoforte (*m.*)
to pick cógliere
piece pezzo (*m.*)
pig, pork maiale (*m.*)
pin number códice segreto (*m.*)
place posto (*m.*)
to play (game) giocare
to play (instrument) suonare
pleasant piacévole, simpático
please per favore, per piacere,
   prego
pleased to meet you molto lieto
pocketbook borsetta (*f.*)
politics política (*f.*)
polytechnic Politécnico (*m.*)
poor póvero

Pope Papa (*m.*)
porter facchino (*m.*)
possible possíbile
post office posta (*f.*), ufficio postale (*m.*)
potato patata (*f.*)
to pray pregare
precisely appunto
to prefer preferire
to prepare preparare
prescribe prescrívere
prescription ricetta (*f.*)
present regalo (*m.*)
president presidente (*m.*)
to press prémere
price prezzo (*m.*)
Prime Minister presidente del consiglio
probably probabilmente
produce market fruittvédolo
program programma (*m.*)
protective protettivo
to punch in digitare
purchase cómpera (*f.*)
to put méttere

question questione (*f.*)
quite abbastanza

radio radio (*f.*)
railroad ferrovia (*f.*)
to rain pióvere
to realize accórgersi
really proprio, veramente
reason ragione (*f.*)
receipt ricévuta (*f.*)
to receive ricévere
to recognize riconóscere
red rosso
reddening arrossamento (*m.*)
refectory mensa (*f.*)
referendum referendum (*m.*)
regatta regata (*f.*)
region regione (*f.*)
regional regionale
relative parente (*m. & f.*)

to remain restare
to remember ricordarsi
rent affitto (*m.*)
to rent affittare
to reply rispóndere
republic repúbblica (*f.*)
republican repubblicano
to rest riposarsi
restaurant ristorante (*m.*)
to restore restaurare
retired in pensione, pensionato/a
right destra
right, reason ragione (*f.*)
to ring suonare
road strada (*f.*), via (*f.*), corso (*m.*)
roast arrosto (*m.*)
roll panino (*m.*)
Rome Roma (*f.*)
room cámera (*f.*), stanza (*f.*)
roomy spazioso
rough (sea) mosso
ruling regnante
to run córrere
to run a business gestire
to run over investire
Russian russo

salad insalata (*f.*)
salami salame (*m.*)
sale véndita (*f.*)
sales svéndita (*f.*)
salesperson commesso/a
sandwich panino (*m.*)
same stesso, uguale
Saturday sábato (*m.*)
to save risparmiare
to say dire
school scuola (*f.*)
scooter motorino (*m.*)
screen schermo (*m.*)
sea mare (*m.*)
seat posto (*m.*)
to see vedere
to see again rivedere
second secondo
secret segreto

secretary segretario/a
to sell véndere
Senate Senato (*m.*)
senator senatore (*m.*)
to send mandare
sense senso (*m.*)
September settembre (*m.*)
serious serio
to serve servire
set servizio (*m.*)
seven sette
seventeen diciassette
seventy settanta
several diversi (*pl.*)
to shake hands dare la mano
to shave rádersi
sheet (of paper) foglio (*m.*)
shirt camicia (*f.*)
shoes scarpe (*f. pl.*)
shopping spesa (*f.*), spese (*f. pl.*)
to show far vedere
show, spectacle spettácolo (*m.*)
shower doccia (*f.*)
side dish contorno (*m.*)
silk seta (*f.*)
sincere sincero
to sing cantare
singer cantante (*m. & f.*)
single síngolo
sir signore
sister sorella (*f.*)
to sit down sedersi
six sei
sixteen sédici
sixth sesto
sixty sessanta
size misura (*f.*)
to ski sciare
skis sci (*m. pl.*)
to sleep dormire
slippers pantófole (*f. pl.*)
slowly piano
small piccolo
smaller, smallest minore
to smoke fumare
so così

soccer calcio (*m.*)
socialist socialista
soft drink bíbita (*f.*)
some qualche, alcuni
something qualcosa son figlio (*m.*)
sorry scusi, [mi] dispiace
soup minestra (*f.*)
spaghetti spaghetti (*m. pl.*)
Spain Spagna (*f.*)
to speak parlare
specialty specialità
spectacles occhiali (*m. pl.*)
spectator spettatore (*m.*)
to spend spéndere
spokesperson portavoce (*m. & f.*)
sprain strappo (*m.*)
square piazza (*f.*)
stamp francobollo (*m.*)
station stazione (*f.*)
to stay rimanere, restare, stare
steak bistecca (*f.*)
still ancora
Stock Exchange Borsa (*f.*)
stomach stómaco (*m.*)
stop fermata (*f.*)
to stop fermarsi
store negozio (*m.*)
story storia (*f.*)
straight diritto
strike sciópero (*m.*)
stripe riga (*f.*)
student studente (*m.*)
studious studioso
to study studiare
stupid stúpido
suburbs periferia (*f.*)
subway metropolitana (*f.*)
to succeed riuscire
sugar zúcchero (*m.*)
suitcase valigia (*f.*)
summer estate (*f.*)
sun sole (*m.*)
to sunbathe esporsi al sole
Sunday doménica (*f.*)
supermarket supermercato (*m.*)
supper cena (*f.*)

to support (sports) fare il tifo per
supporter, fan tifoso
sure certo, sicuro
sweater maglione (m.)
to swim nuotare
swimming pool piscina (f.)
system sistema (m.)

to take préndere
to take back portare di ritorno
tall alto
to taste assaggiare
tavern ostería (f.)
taxi taxi (m.)
teacher insegnante (m. & f.)
telegram telegramma (m.)
telephone teléfono (m.)
television televisione (f.)
temperature febbre (f.)
ten dieci
tenor tenore (m.)
tent tenda (f.)
terrace terrazzo (m.)
thank goodness meno male
thank you grazie
that che
that is (i.e.) cioè
that which ciò che
the il (m.), la (f.)
theater teatro (m.)
then allora, dunque, poi
there li
thesis tesi (f.)
thing cosa (f.)
things roba (f.)
to think crédere, pensare
thirst sete (f.)
thirteen trédici
thirty trenta
this questo
this morning stamattina
thousand mille
three tre
Thursday giovedì (m.)
ticket biglietto (m.)
tie cravatta (f.)

time volta (f.)
timetable orario (m.)
tip mancia (m.)
tired stanco
to get tired stancarsi
to a
tobacconist tabaccaio/a
today oggi
toe dito (m.)
together with insieme a
toilet gabinetto (m.)
tomato pomodoro (m.)
tomorrow domani
tonight stasera
too anche
too much, too troppo
top cima (f.)
tourist tax tassa di soggiorno (f.)
town città (f.)
trade union sindacato (m.)
traffic tráffico (m.)
tragic trágico
trailer roulotte (f.)
train treno (m.)
transportation trasporto (m.)
to travel viaggiare
trip gita (f.)
trout trota (f.)
true vero
truth verità (f.)
Tuesday martedì (m.)
twelve dódici
twenty venti
two due

ugly brutto
unbeatable insuperábile
uncle zio (m.)
to understand capire, inténdere
unfortunately purtroppo
uniform divisa (f.)
unique unico
university università (f.)
until finchè ... non
unwell indisposto
to use usare

vacuum cleaner aspirapólvere (*m.*)
valid válido
veal vitello (*m.*)
veal cutlet cotoletta (*f.*)
vegetable verdura (*f.*)
vegetarian vegetariano
Venice Venezia (*f.*)
very molto
very bad péssimo
very well Beníssimo
violinist violinista (*m. & f.*)
visit visita (*f.*)
to visit (person) andare a trovare
to visit (place) visitare
voice voce (*f.*)
vote voto (*m.*)
to vote votare
voucher buono (*m.*)

to wait aspettare, atténdere
waiter cameriere (*m.*)
walk passeggiata, camminata (*f.*)
to walk camminare
to want volere
to warn avvisare
washing machine lavatrice (*f.*)
to wash oneself lavarsi
watchmaker orologiaio/a
water acqua (*f.*)
way senso (*m.*)
to wear portare
Wednesday mercoledì (*m.*)
week settimana (*f.*)
welcome benvenuto
west ovest (*m.*)
what che, che cosa
whatever qualsíasi, qualunque
when quando
where dove
where from di dove
which quale
white bianco

who? chi
who, whom, which che, il quale, cui
why perchè, come mai
wife moglie (*f.*)
willingly volentieri
window finestra (*f.*)
winter inverno (*m.*)
wish voglia
to wish desiderare
with con
wood legno (*m.*)
world mondo (*m.*)
worried preoccupato
to worry preoccuparsi
worse peggiore
worse (*adv.*) peggio
to write scrívere
wrong sbagliato, torto

year anno
yes si
yes (certainly!) come no!
yesterday ieri
yet ancora
you tu, Lei
young gióvane
younger, youngest minore

zero zero (*m.*)
zip cerniera (*f.*)
zoo zoo (*m.*)

Index

Entries refer to numbered sections unless a specific page or chapter dialogue is shown.